中外名人传记

影响孩子一生的中外名人传记

第四辑

哥伦布

ZHONGWAI MINGREN ZHUANJI DISI JI GELUNBU

《中外名人传记》编委会　编著

全国百佳图书出版单位
时代出版传媒股份有限公司
黄山书社

图书在版编目(CIP)数据

哥伦布 /《中外名人传记》编委会编著. —合肥：黄山书社，2021.4

(中外名人传记. 第四辑)

ISBN 978-7-5461-9671-8

Ⅰ. ①哥… Ⅱ. ①中… Ⅲ. ①哥伦布(Columbus, Christopher 1451-1506)-传记 Ⅳ.①K835.465.89

中国版本图书馆 CIP 数据核字(2021)第 066175 号

中外名人传记(第四辑)·哥伦布 《中外名人传记》编委会 编著

出品人 贾兴权
责任编辑 秦矿玲
责任印制 李晓明 李 磊
装帧设计 钱志刚
出版发行 时代出版传媒股份有限公司(http://www.press-mart.com)
黄山书社(http://www.hspress.cn)
地址邮编 安徽省合肥市蜀山区翡翠路 1118 号出版传媒广场 7 层 230071
印 刷 合肥华云印务有限责任公司
版 次 2021 年 5 月第 1 版
印 次 2021 年 5 月第 1 次印刷
开 本 880mm × 1230mm 1/32
字 数 110 千字
印 张 5.5
书 号 ISBN 978-7-5461-9671-8
定 价 12.80 元

服务热线 0551-63533706
销售热线 0551-63533761
官方直营书店(https://hsss.tmall.com)

前　言

名人，顾名思义，就是著名人物，他们在某一个或几个领域中做出了普通人不能做出的伟大业绩。他们都有着辉煌的成就，是成功的典范。名人取得成功的过程并不是一帆风顺的，例如大家熟悉的玄奘、华罗庚、居里夫人、爱迪生……他们克服了常人难以想象的困难，凭借义无反顾的品质和百折不挠的精神，历尽艰辛，才最终到达成功的彼岸。

青少年是早晨八九点钟的太阳，是含苞待放的花朵。在青少年成长的过程中，有着无数的可能性。汉代刘向说："书犹药也，善读之可以医愚。"高尔基也说过："书籍是人类进步的阶梯。"每读一本好书，都会对青少年产生深远的影响。每一位名人都是一座丰碑，是精神的引领者和行为的楷模。青少年通过阅读名人传记，可以在潜移默化中学习名人的精神，培养优秀的品质，为他们的健康成长提供强大的精神力量，让他们终身受益。

本套丛书分为4辑，收录了古今中外28位名人的人生故事。为了适合青少年阅读，本套丛书用简洁生动的语言，通过一个个活泼有趣的小故事，把这些名人的一生呈现了出来，具有很强的可读性。希望本套丛书能够给青少年以无尽的启发，成为陪伴他们健康成长的良师益友。

编委会

2021年4月

目 录

第三章　踏上梦想的征程

第四章　举世瞩目的大英雄

第一章

渴望冒险的航海迷

少年的梦想

海战的历练

对远航的期盼

走进婚姻的殿堂

明确方向

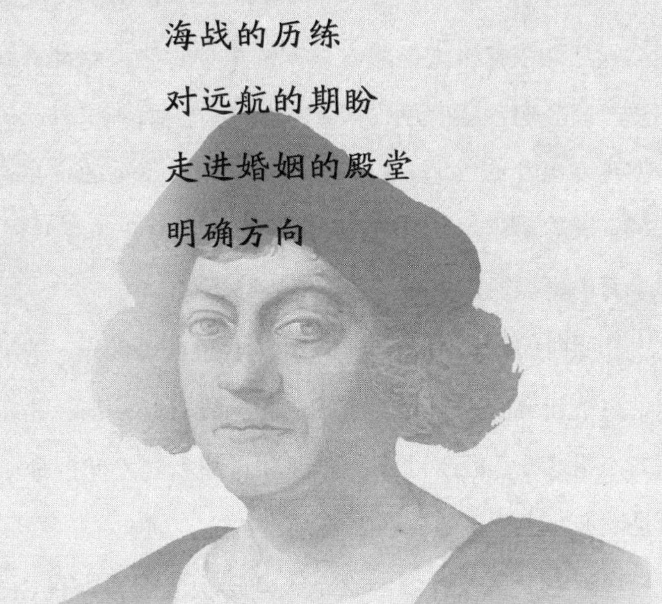

少年的梦想

15 世纪，随着欧洲各国商品经济的发展和资本主义萌芽的出现，欧洲对金属货币的需求大幅增加，使得欧洲人狂热地追求黄金。然而，欧洲黄金的开采量有限，还要用有限的黄金去换取东方出产的丝绸、香料、珠宝等。对黄金的贪婪追求以及经济发展的需要，致使欧洲各国迫切地需要开辟海上贸易路线，寻求新的商机。

在当时的知识水平下，欧洲人不知道太平洋、美洲、大洋洲，更不知道南极大陆，他们认为世界就是欧洲、北非以及亚洲的一些地方。处于欧洲、非洲和亚洲大陆之间的地中海在当时是欧洲海上贸易的核心区域。

1451 年，一位将影响整个人类历史发展进程的杰出人物，在地中海沿岸的热那亚诞生了。这个刚刚出生的孩子叫克里斯托弗・哥伦布，他将成为人类历史上著名的航海家之一。

因为地中海有着特殊的地理位置——西端与大西洋相通，东北与黑海相连，所以从热那亚出发，坐船经过地中海，可以到达英国、法国、挪威甚至接近北极的冰岛。

在当时的交通条件下，热那亚可以说是四通八达的贸易宝地。所以热那亚自古以来就是地中海沿岸的一个重要港口。也正是因为生活在这样的一个地方，热那亚人都颇为重视和爱好航海。

正是因为有着得天独厚的地理位置和繁荣发达的经济，军事力量薄弱的热那亚在历史上曾多次被外来入侵者攻占，战事频繁。如此一来，热那亚航海业的发展就被限制了。而在那个制海权代表一切的年代，这无疑是不利于自身发展的。

天性不甘于安稳的热那亚人从小就渴望着到海上去冒险，他们认为大海的另一边有着无穷无尽的财富。受这种思想的影响，热那亚的男孩们几乎个个都想去无边无际的大海冒险。

哥伦布的祖父名叫乔万尼·哥伦布，一直生活在热那亚城以东的昆特镇。迫于生计，他的儿子多米尼科·哥伦布 11 岁时就在当地一家毛纺织作坊里当学徒。儿子非常听话，也很勤劳，这令年老的乔万尼很欣慰。

随着年龄的增长和手艺的不断提高，多米尼科告诉父亲，他想学好毛纺织手艺，开一间属于自己的毛纺织作坊，乔万尼非常赞成。随后，多米尼科一边勤劳地工作着，一边努力地学习毛纺织的相关知识。

不久之后，多米尼科和纺织工人的女儿苏萨娜·芳塔纳罗莎喜结连理。多米尼科的生活虽然依旧有些艰难，但是在妻子和自己的努力之下，他们终于拥有了一间属于自己的毛纺织作坊。

多米尼科30多岁时，他们的第一个儿子克里斯托弗·哥伦布出生了。小哥伦布拥有一双清澈明亮的蓝眼睛、一头漂亮的金黄色头发，十分惹人喜爱。

多米尼科夫妇后来又生了三男一女，但不幸的是，其中的一个儿子在年轻的时候就死了。女儿长大成人之后和住在附近的一名商人结为夫妻。

他们有一个儿子名叫巴代勒米，他在后来的远航中成为哥伦布忠诚的战友和得力的助手。他们最小的儿子杰果，比哥伦布小了整整17岁。

和其他热那亚人一样，由于有着虔诚的宗教信仰和正直的性格，他们一家人生活和睦美满，和邻居们也都相处得非常融洽。

刚开始，由于资金有限，多米尼科的作坊里只有一两台纺织机。而且他们没有闲钱雇用帮工和学徒，全都靠自己家人干活。多米尼科从行会买来生羊毛，妻子和孩子们便把羊毛梳洗干净，然后纺织成线，再织成毛料。虽然多米尼科的纺织作坊始终没有超出家庭手工作坊的经营规模，但是作为普通百姓，他们一家人的日子还是相当不错的。

后来为了扩大经营，多米尼科加入了当地的毛纺织行会，成为毛纺织行会的一名会员。后来，为了增加营业收入，多米尼科在附近开了一家酒店。

哥伦布几乎没有时间去学校接受正规教育，因为他每天都要待在家里帮助父母干一些力所能及的活，比如清洗、梳理羊毛之类的工作。家里人也都希望小哥伦布长大成人以后能够继承这份产业，但是他对这些根本不感兴趣。

整天面对着织机、羊毛、毛线等，这些烦琐的事情根本无法让小哥伦布提起哪怕一丁点儿兴趣。在这个少年的心中，有属于他自己的梦想。

哥伦布的家离繁忙的热那亚港不远，小哥伦布空闲的时候，或者出门帮父母买东西的时候，总喜欢在那儿逗留、玩耍。一直以来，他都被港口那些悬挂着各式各样风帆的船只吸引着。他知道，这些船是从不同的国家，至少是从不同的地区来到热那亚港的。

在这里满耳都是听不懂的意大利语、法语、希腊语，满眼是不同肤色、服装各异的人，而且空气中混杂着异国香料的味道。小哥伦布在这里看到了许多来自海外的奇珍异兽、奇花异草，了解到世界是精彩纷呈的，这一切都激发了小哥伦布对航海的热情。他想要了解更广阔的世界，开创属于自己的一番事业。一粒梦想的种子就这样种在了这个少年的心里。

热那亚港是那样繁华，土生土长在那里的男孩子向往航海是再自然不过的事情了。哥伦布成年后在日记中写道：“我从小就置身海上，为的是在海上航行，且一直坚持至今。”“四十年来，我一直干这一行，走遍了一切可以航行的海洋。”“这种职业，似乎使所有干这一行的人都产生了一种想知道世界奥秘的心情。”

小哥伦布一有空就到港口看来来往往的船只，他在等待着长大，等待着能够出海冒险。让哥伦布兴奋不已的是，不久他就经历了人生中的第一次航海。

1461年，对出海向往已久的哥伦布有了第一次航海的经历，那时的他才10岁。有关哥伦布第一次航海的具体经历，现在已经没法知道了，只有哥伦布的日记中提及了一点点信息："哪一个海员能够忘记自己的首次航行呢？每一次事故，每一次风向的转变，看到的每一条船，遇到的每一个人，都会留在脑海里，久久不忘。"虽然日记中只有寥寥数语，但是可以看出哥伦布对航海有着一种激情，一种将要为航海倾尽一生心力的激情。

1470年，哥伦布的父亲在经营酒店的过程中，和别人发生了经济纠纷。那个人把多米尼科告上了法庭，要求多米尼科还他钱。法官们经过一番审理，将多米尼科送进了监狱。可是不久后，相关部门又宣称多米尼科其实并没有犯多大的罪，于是只罚了他25金币就把他从监狱里释放了出来。

这件事过后不到一个月，多米尼科又因酒店的债务吃上了官司。这次是哥伦布代表他的父亲在一份法律文书上签字的，并承诺将归还父亲在酒店经营中所欠的债务。

判决生效之后不到一个月，多米尼科在走投无路的情况下把他妻子作为嫁妆带来的一块土地出售了。但是这一举动引发了第二年他和妻弟之间的法律纠纷。

就这样，多米尼科的经济每况愈下，他开始酗酒，于是1472年他又欠下了一笔债务。

1473年，他卖掉了在奥里维利的房子。不久，他搬到了离热那亚海岸好几英里远的萨沃纳居住，这时他已不再经营酒店了。后来他们一家连萨沃纳也待不下去了，只好到出嫁了的女儿家栖身。

父亲事业的失败对哥伦布产生了一定的影响，生活上的不如意让他更加向往大海，更加希望成为一名船员，去外面的世界闯荡。

虽然家里的经济情况大不如从前，哥伦布必须更加努力地工作赚钱，但他还是挤出时间学习地理学、天文学方面的知识，因为他知道，要想成为一名船员，达成航海的心愿，光凭空想是不可能成功的，他必须为此付出努力。和许多伟大的人物一样，哥伦布在成长的过程中逐渐养成了坚韧不拔的性格和吃苦耐劳的精神。

不久，哥伦布就从热那亚上船出海了。从此，哥伦布的人生翻开了全新的篇章。哥伦布永远不会忘记，他当时是怀着怎样的激动之情奔向远方的。

当时的哥伦布虽然非常喜欢航海，但是缺乏航海的经验、技术，这跟他所受的教育程度有一定的关系。虽然哥伦布所拥有的航海知识非常少，但是他有一颗敢于冒险、敢于拼搏的上进心。虽然他只是一名普通的船员，但是在船上，他努力抓住每一次机会，不断地充实自己、提高自己。

年轻时的哥伦布双目灵活、四肢健壮、身高超过常人。他个性坚韧，充满智慧，尽管有时也会表现出焦虑的情绪。但与哥伦布交往过的人，都觉得他是一个具有非凡热情和崇高理想的人。即使遇上了天大的难题，他依然坚定、沉着，并运用自己的才能和勇气战胜困难。哥伦布的这些优点显然成了他日后取得伟大成就的重要素养。

1474—1475 年，哥伦布来到热那亚大商人兼银行家保罗的船队工作。这只船队到过热那亚当时的殖民地——一个叫作希俄斯的小岛，以及地中海东部一带，还到过西班牙、葡萄牙、英国、法国、冰岛等地。每一次航行，都丰富了哥伦布在航海方面的经验，这令他的航海技术越来越成熟。

后来，哥伦布被编入海军舰队。一次，他奉命参加意大利国王组织的一次海上行动——赴地中海对岸的突尼斯掳取一只三桅帆船。

那一次，哥伦布和同伴们一起驾着战船出发了。航行中，同伴们得知对方力量十分强大，都有些害怕，有些胆怯的同伴甚至打算返航。情急之下，哥伦布只得在罗盘上做些手脚，让同伴们以为战船已经返航了，于是大家都安下心来。但其实那时战船已经离突尼斯越来越近了。得知真实情况之后的船员，不得不全力以赴准备战斗，最后他们出色地完成了国王布置的任务，满载而归。

哥伦布在此次海战中的出色表现令他在舰队中脱颖而出，于是他有了更多的机会参加一些远途的海上航行。不久之后，不喜欢受束缚的哥伦布离开了海军舰队。这之后，哥伦布过了一段海盗般的生活，但是他并没有丧失对航海的热情。

与此同时，哥伦布的弟弟巴代勒米也有了自己的梦想。他非常崇拜哥伦布，总是愿意跟着哥哥去不同的地方。不过，巴代勒米跟随哥哥出海几次之后，发现自己更热爱绘制地图。他喜欢把所到之处的具体情况绘制出来，精确度越高，他就越有成就感。

后来，为了进一步提高自己的制图能力，巴代勒米决定前往葡萄牙的里斯本，他相信那里聚集着的绘图高手一定能让他有一番新的收获。

经过一番努力，巴代勒米如愿以偿地在里斯本当上了一名绘图员。由于对这项事业情有独钟，他愿意下功夫去钻研，不久之后就成为这个行业的佼佼者。毋庸置疑，巴代勒米所从事的这项事业，对日后哥伦布的航海事业有很大的帮助。

海战的历练

哥伦布满怀激情地进行着他的航海事业，航海经验越来越丰富，驾船技术也日臻熟练。他从来没有为找不到出海机会而伤脑筋，因为以他的能力，邀请他出海的船长和船主一个接一个。

1476 年哥伦布回到热那亚不久，就参加了热那亚的一支武装护卫舰队，要护送一批贵重的货物去北欧。

这支舰队由一艘武装军舰、三只大帆船和一只小船组成。小船是佛兰芒人的，船名“贝查拉”，哥伦布正是这艘小船的船长。船上的乘客大多数是热那亚人。当时地中海各国相互敌视，关系非常紧张，经常会发生战争。护卫舰队的主要任务就是防备葡萄牙和法国船队的阻拦和抢劫。

5 月 31 日，舰队从热那亚出发了，经直布罗陀海峡，沿葡萄牙南部海岸航行，驶往里斯本、佛兰芒地区和英国。

两个多月的时间里，舰队安然无恙地通过了直布罗陀海峡，进入了大西洋水域。8 月 13 日下午，舰队航行到了拉古什海域，按照舰队的航行速度，他们很快就会到达圣·文森特海角。可是，正当所有人都以为会顺利度过这一天时，突然间，瞭望员远远看到一支大型舰队正跟在他们后面。仔细观察之后，他确定那是一支葡法联合舰队，而且正朝他们全速驶来。

惊慌之余，船员们还发现这支葡法联合舰队非常强大。它由 13 艘战舰组成，而且装备精良，自己的舰队根本不能与之对抗。而此时的哥伦布早就在计划着该如何迎接挑战了。

在这种危急的情况下，哥伦布知道他们逃是逃不掉的，但用尽全力去抵抗，或许还能杀出一条生路。

哥伦布站在船头，用他那锐利的眼睛观察着敌军舰队，随后他让友船四散开来，避免被敌舰一网打尽。这时，海上风平浪静，只听到船上的帆篷被风吹动的声音。大家都知道这是暴风雨前的宁静，接下来将有一场你死我活的恶战。

友船四散开来之后，船员已经做好了迎敌的准备工作，随时准备发动攻击。不久，爬上桅杆的瞭望员发现敌舰就在眼前，便大声疾呼。哥伦布朝着瞭望员指的方向看去，果然看见了庞大的敌舰，哥伦布的双眼里喷发出愤怒的火焰。

“发射！”哥伦布先下手为强，直接命令炮手开炮攻击。他认为，在敌我力量悬殊的情况之下，如果能够抢占先机，或许会有一线生机。

敌军主船的船员因受到意外的袭击而惊慌失措。一连挨了两枚炮弹，船长感觉不妙，连忙还击。

敌舰规模较大，战斗力强劲，但是哥伦布的舰队也不甘示弱。双方从一开始就用重炮近距离开火，海面上炮声隆隆，甲板上浓烟滚滚。

那时候的海战是船和船单打，敌我双方互相把船驶近，船身和船身使劲地碰撞，然后船员们迅速将一条两头有钩的大铁链扔到对方的船上去，一下钩住对方的船后，就用力把它拉近。等到两艘船紧紧地靠在一起，船员们就纷纷跳上敌方的船，混战起来。

哥伦布所在的主船与敌军主舰相撞，两艘船紧紧地挨在了一起。“冲啊！杀啊！”哥伦布挥舞着长剑，鼓励船员们奋勇作战。

一支支着火的箭，飞到敌舰上去了；一枚枚炮弹，在敌舰的甲板上爆炸了。不一会儿，火势就波及了桅杆，帆篷紧跟着燃烧起来，接着船上的东西都着了火，冒出浓浓的黑烟。

海风不停地吹来，不到一刻钟，整艘敌舰便陷于一片火海中。可是，由于两艘船被铁链上的大铁钩紧紧地钩在一起，哥伦布的船没办法驶离敌舰。

霎时，哥伦布的船也从浓烟中冒出一道猛烈的火舌，绕着桅杆直往上冲，帆篷瞬间着火了。哥伦布和船员们顿时处于一片火海之中。

现在已经无暇顾及搏斗了，因为比敌人更凶猛的熊熊火焰逼迫而来，大家透不过气来，眼睛也睁不开，皮肤也被灼伤了。

一时之间，再也没有敌我之分了，所有人都痛苦难熬，不得不往海里跳，拼命地向前游。

哥伦布眼看情势不妙，也只得跳海逃生。当他跃入大海，准备泅水逃离时，忽然听到轰的一声巨响，原来船上的火药库爆炸了，船被炸得粉碎。

哥伦布本来在作战中已经负伤了，现在又被爆炸时飞溅的木块和铁块砸中，哥伦布伤得更重了。经过长时间的奋力挣扎，他泅水前进了一段路程，但脚上的剧痛使得他再也无法继续向前游了。

“我不能死在这里，我还有许多事没有做呢！”哥伦布心想。活下去的坚强意念使哥伦布用尽余力向前慢慢游去，幸好他遇到了一块大木板，他一把抱住它，任凭木板带着他在宽阔无垠的大海上漂荡。

对远航的期盼

死里逃生的哥伦布在命运的安排下来到了葡萄牙，从此他的人生也大为不同了。这并非是说哥伦布大难不死必有后福，而是因为大西洋的海水把这个疯狂地热爱航海的年轻人，送到了他最应该去的地方，一个真正属于航海家哥伦布的时代即将来临。

哥伦布随着浮木来到了葡萄牙的海岸城市里斯本。在离哥伦布上岸的地方几海里远的拉古什海湾，有一个由亨利创建的航海基地，而这个亨利就是葡萄牙著名的亨利王子。

那个时候，无论是在西方还是在东方，人们都不知道美洲大陆的存在。如果打开一张世界地图，把美洲大陆去掉，就可以发现，葡萄牙正处于大陆的最西端。独特的地理位置，以及对未知世界的想象，刺激了葡萄牙人向海外进行探索的决心和勇气。

在这种逐渐积聚起来的巨大动力刺激之下，14 世纪初，葡萄牙开始了海外扩张之旅。到了 15 世纪，随着航海技术的日益成熟，葡萄牙出现了一位航海家——亨利王子。

亨利王子博览群书，知识渊博，向往惊险刺激的生活。同时，他又是一个虔诚的基督徒，在他看来，到未知的地域去探索并把基督教传播到那里，是一个基督徒的职责。

在一次对外扩张战争中，亨利王子从战俘和商人口中了解到，有一条古老而繁忙的商路可以穿过撒哈拉大沙漠，经过 20 天就可以到达土地肥沃、树木葱茏的“绿色国家”（今天的几内亚、冈比亚、塞内加尔等国），从那里可以获得非洲胡椒、黄金、象牙。这些东西对于葡萄牙，甚至对于整个欧洲来说，有着致命的吸引力。

葡萄牙人从来没有穿越过沙漠，不敢贸然行动。于是亨利王子有了一个大胆的想法——从海路去“绿色国家”。

亨利王子这一主张得到了葡萄牙国王诺昂一世的赞同。随后亨利王子派出了他的第一支仅有一艘横帆船的探险队，南下寻找“绿色国家”。但船只被风吹向了西方，马德拉群岛就这样被发现了。亨利王子随后宣布该群岛属于葡萄牙。随后几年，亨利王子又数次派出探险队从两条路线进行探索，一条路线是沿非洲海岸南下，一条路线是离开海岸向西南航行，以发现更多的岛屿。

1433 年，国王诺昂一世逝世，亨利的弟弟杜亚尔特继位。

亨利还是把主要精力放在沿非洲海岸南下的探险上。这条航线上首要的障碍就是位于加纳利群岛正南方非洲大陆上的博哈尔角。

一批批探险者到了博哈尔角后，都不愿再向前探索了。他们偷偷地回到了欧洲，借口说遇到了恐怖的土著人，而海里的盐厚得连犁都犁不开。

于是，博哈尔角以南对于当时的欧洲人来说是一个不敢轻易涉足的神秘世界，那里暗礁密布，巨浪滔天，有神秘莫测的急流。阿拉伯人也很畏惧这片海域，把它称为“黑暗的绿色海洋”。

1434 年，经过多次尝试后，亨利王子的远征队终于在船长吉尔·埃亚内斯的率领下越过了博哈尔角。

后来，为支持亨利王子在西非传教，教皇任命亨利为骑士团团长，可随意支配骑士团的经费。这样，亨利王子的航海事业就拥有了雄厚的资金来源，使得葡萄牙的航海探险活动得以迅速推进。

随后，亨利王子组织和资助了持久而系统的探险活动。他将探险与殖民结合起来，使探险变成了一个有利可图的事业。在 40 年的有组织的航海活动中，葡萄牙成了欧洲的航海中心，他们建立起世界上第一流的船队，拥有第一流的造船技术，培养了一大批世界上第一流的探险家和航海家。

就在热那亚、威尼斯以及土耳其在地中海为了贸易份额激烈争夺的时候，葡萄牙的远洋船队开始源源不断地把里斯本相对廉价的布匹、玻璃珠、铃铛和马匹运往非洲，然后从非洲运回了大量象牙、金银、宝石以及黑人奴隶。

新航线的出现和巨额利润的诱惑，让里斯本成为欧洲的航海之都。无数的商人和船员从欧洲各国聚集到这里。

一直热心于航海的哥伦布来到这个热衷于海上探险的国度，简直是如鱼得水。虽然他现在只是一个普普通通的人，但是在不久的将来，他一定会令世界刮目相看。因为葡萄牙的土壤会让他心中那颗探险的种子生根发芽。

初来乍到，哥伦布需要在里斯本找一个安身之处。在热心的热那亚老乡的帮助之下，他很快找到了在绘图所工作的弟弟。弟弟不仅给哥伦布提供了住的地方，还为哥伦布找到了一份工作——在弟弟的绘图所里帮忙。

在绘图所里，哥伦布结识了许多非常优秀的船员或船长，并与他们打成一片。哥伦布经常向他们请教关于航海的各种疑难问题，获取第一手资料，借以绘制或校订航海线路图乃至世界各国的地图。

哥伦布还在他弟弟认识的一个书商家里，阅读了大量地理、历史、宇宙、星相等方面的书籍。与此同时，他还学习了葡萄牙文、西班牙文。在不断阅读学习的过程中，他还熟练掌握了拉丁文。

他的天资和勤奋弥补了他所受学校教育不足的缺憾，他了

解到很多以前不知道的事。

当时欧洲文艺复兴运动方兴未艾，很多有识之士不愿意再局限在自己所处的封闭环境中，而是想要更多地了解世界。很多人开始接受地圆学说。受地圆学说的影响，结合航海的实践，哥伦布初步认为，在理论上由于地球是圆的，一直向西航行就一定可以到达神秘的东方。

虽然地圆学说已经开始在欧洲一些国家普及，但依然有很多人对此抱怀疑的态度，大家经常为此争论不休。在里斯本，研究讨论这一话题的气氛特别热烈。哥伦布置身于这种环境中，免不了要受到影响。对于他来说，他相信地球是圆的。通过后来的研究，他也更加确信了这一点。

此时，哥伦布的见识增长了，心智也更成熟了，而且他心中对远航的期盼没有丝毫的改变，而这次他想要到达的地方不再只是已知的世界，还有未知的神秘的东方。

走进婚姻的殿堂

不久，哥伦布和弟弟合伙创办了一家绘图所。由于他们在绘图方面的突出才能，他们的业务发展得很快。在里斯本的航海者中，哥伦布兄弟俩也有了一点名气。

在其他人看来，哥伦布是一个身体健壮、非常帅气的年轻人。他的眼睛炯炯有神，谈吐彬彬有礼，衣着大方得体。家人对宗教的虔诚一直深深地影响着哥伦布，所以作为一名基督徒，他在宗教事务方面对自己有着很高的要求，他谈论教规仪式时端庄肃穆的神态就像一位修道会成员一样，所有这一切都使得哥伦布看起来非常有风度。

在里斯本，哥伦布也保持着教徒的习性，经常去一座著名的修道院做弥撒。也就是在这里，哥伦布结识了莫尼斯小姐。经过一段时间的交往，两人产生了爱慕之情，不久就结婚了。

走进婚姻的殿堂是哥伦布生活的重要转折点，因为这为他打开了跻身上流社会的大门。婚后，哥伦布就住进了莫尼斯家宽敞的府第。他的弟弟则单独经营他俩合伙创办的绘图所。

莫尼斯小姐出身于贵族家庭。这个家庭有相当高的社会地位，和葡萄牙的上流人士有着广泛的联系和交往。她是里斯本大主教的堂妹，她的母亲则是皇室的远亲，父亲原来是亨利王子属下出色的航海家，是他发现了圣港岛，并被任命为该岛的首任总督。

圣港岛是马德拉群岛中的一个岛屿，距离主岛大约 30 英里。莫尼斯的父亲在马德拉群岛还拥有地产。他于 1475 年去世，但其总督职务是世袭的，后由他的儿子即莫尼斯的弟弟继承。

哥伦布和妻子、岳母起初居住在里斯本。家里人也都知道他想要远航的伟大梦想，都非常支持他，把莫尼斯父亲遗留下来的大量航海资料都交给了他，让他从中学习航海知识。

岳父的航海经验和航海资料给了哥伦布非常大的启发，不仅使得哥伦布的航海知识更加丰富了，而且激发了他想要发现和开拓新岛屿的热情。

后来哥伦布夫妇迁居圣港岛。这里环境幽雅，林木葱郁。他们家的庭院里种满了花草和高大挺拔的棕榈树。婚后生活甜蜜温馨，使哥伦布这个长期过着漂泊生活的“流浪者”在心灵上得到了一些安慰。他俩唯一的儿子迭戈就在那里出生了。

哥伦布在圣港岛居住了两三年，他一边从事商业活动，一边利用那里特殊的地理位置仔细观察、研究西北信风的特点。除此之外，他还花了大量的时间埋头于他岳父留下的书籍和地图中。

妻子莫尼斯对哥伦布十分体贴，也非常支持他的航海事业。在他阅读时，莫尼斯进进出出都放轻脚步，生怕打扰到哥伦布。此外，莫尼斯从小受过非常好的教育，对航海也有一定的了解，有时还可以帮助哥伦布查找资料，并参与到他和朋友的讨论当中。她真是一个完美的贤内助！

在学习理论知识之外，无论婚前婚后，哥伦布都十分注重参加航海实践活动。在那几年里，哥伦布将大部分的精力都投入航海实践中。他跟随着当时世界上最强大的葡萄牙经商船队四处航行，踏足的范围不断扩大。他向北到达了冰岛附近的北极圈，向南几乎到达赤道，向东游历了整个爱琴海，向西则到达了葡萄牙在黄金海岸建立的贸易站。

在持续不断的实践中，哥伦布的各项能力都得到了锻炼和提高。

明确方向

经过多年历练，哥伦布体验过船上的每一个岗位，对操作和指挥航船的一切技术和方法都了如指掌，对如何处理航行中出现的突发状况已经有了十分丰富的经验。与此同时，他依然孜孜不倦地阅读对航海有帮助的书籍。也正因如此，哥伦布读到了一本影响他一生的书——《马可·波罗游记》。

《马可·波罗游记》是 13 世纪一位名叫马可·波罗的意大利商人，将他途经地中海、欧亚大陆和游历中国的所见所闻记录下来撰写而成的一本书。

马可·波罗年少时就跟随父亲和叔叔途经中东，历时4 年多到达中国，在中国游历了 17 年，这在当时可是一个壮举。马可·波罗的中国之行及其游记，在中世纪的欧洲被认为是神话。在《马可·波罗游记》中，马可·波罗极力渲染了元朝皇帝的奢侈生活，不无夸张地描述了东方各国的富有和神秘，激起了欧洲人对东方的热烈向往，掀起一股东方热潮。

西方有些地理学家还根据马可·波罗的描述，绘制了早期的“世界地图”，而这更激发了欧洲人向东探险的热情。毫无疑问，这本书对欧洲的海外扩张和新航路的开辟产生了不可估量的影响。研究马可·波罗的一位西方学者认为是：“马可·波罗的游记不是一部单纯的游记，而是启蒙式作品，对于闭塞的欧洲人来说无疑是振聋发聩的，为欧洲人展示了全新的知识领域和视野。这本书的意义在于它导致了欧洲人文科学的广泛复兴。”

哥伦布还在里斯本的时候，得到了一本《马可·波罗游记》，并被游记中描述的神秘东方深深地吸引住了。从当时生产力的发展水平来看，可以说是东方先进、西方落后。欧洲人对东方的一切都怀有强烈的求知欲，哥伦布当然也不例外。

那时候欧洲和亚洲之间的交流和贸易十分便利，欧亚之间有三条古老的商路：一条路是从中亚由陆路沿里海、黑海到小亚细亚；另一条是先由海路至波斯湾，然后经过幼发拉底河和底格里斯河流域到地中海东岸叙利亚一带；还有一条是先由海路到红海，再由陆路到埃及亚历山大港。

东西方的贸易在红海以东由阿拉伯商人控制，而地中海的贸易则由意大利商人垄断。但是，到了1453年，君士坦丁堡落入土耳其人手中，土耳其奥斯曼帝国占领了小亚细亚和巴尔干半岛，隔断了上述三条商路，也就隔断了地中海沿岸的欧洲国家（包括热那亚和威尼斯）赖以生存的经济命脉——香料之路，于是从东方进口的商品，如丝绸、香水、香料和挂毯等物品的价格急剧上涨。欧洲人迫切需要重新寻找前往东方的道路。

恰在此时，《马可·波罗游记》在欧洲出现了，让欧洲人觉得遥远的东方遍地是黄金，于是垂涎不已。不少欧洲人开始跃跃欲试，而葡萄牙王室此时也大力鼓动大家远赴东方去探险，哥伦布当然是这些人中狂热的一员。

哥伦布想要到神秘的东方去探险，想要获得数不尽的财富和傲人的荣誉。除此之外，他还是一个虔诚的基督徒。

哥伦布觉得去神秘的东方探险，并将基督教义传到遥远的东方，是上帝授予他的使命，他为此而感到十分自豪。

哥伦布下定决心要向西航行寻找通往东方的新航路，但是很快他就发现了问题之所在：没有钱，没有船，没有人。怎么办？他必须找到有实力的支持者。想要让别人拿出真金白银支持自己，他就必须让支持者相信，他不是在开玩笑，他的计划完全可行，而且前景非常光明。

可是此时的哥伦布自己都还没有弄清楚，神秘的东方到底有多远，从里斯本出发前往遥远的中国和日本需要多长时间，这样的航行是否可以实现，这一连串的问题都是非常棘手的。

其实早在哥伦布到达里斯本之前，葡萄牙国王就有到东方探险的想法。那个时候，一个名叫托斯卡内利的地理学家就曾写信给葡萄牙国王，并寄去了一幅新的“世界地图”，试图说服国王派一支船队向西航行，找到黄金遍地的中国和日本。

按照托斯卡内利的计算，从里斯本到中国大概只有5000英里，到日本只有3000多英里。可是国王与专家讨论后认为，这些数字存在问题，所以就将这件事情搁置了起来。

1481年，哥伦布在一个偶然的机会下读到了托斯卡内利的这封信。信中写道：

> 我知道，这条道路的存在是基于已被证实的学说，即地球是圆形的。尽管如此，为了便于完成这项事业，我寄给国王陛下一幅我亲手绘制的地图。在这幅地图上标明了我们的海岸和岛屿。从这些海岸和岛屿出发，你们应当不停顿地向西航行。这地图同时也标明了你们要抵达的地区。你们必须在远离极地和赤道的地方停下来。这地图还表明为到达盛产香料和宝石的国家你们要行驶的路程。您不必感到惊奇，我把生产香料的国家称作西方，而人们通常把这些国家称作东方，因为人们一直向西航行，向大洋的彼岸和地球的另一半的西方走就可以到达东方的国家。可是，如果您沿陆路行进，经过我们这一半地球，那么“香料之国”将在东方……

读完托斯卡内利这封信，哥伦布极为兴奋地给托斯卡内利写了一封信，随后不久他收到了令他备受鼓舞的回信和一张地图。

托斯卡内利给哥伦布寄来了一张更新的“世界地图”，这让哥伦布兴奋不已。在后来的日子里，来自托斯卡内利的信件和地图一直被哥伦布贴身保管着，作为证明自己主张正确的重要依据。

在得到了来自地理学家的支持之后，哥伦布逐渐明确了他向西远航的步骤：从加纳利群岛出发，一路向西，在航行大约4000英里的时候，就可以到达“印度”了。

有了这些储备之后，哥伦布的远航事业可以说是万事俱备，只欠东风（支持者和资助人）了。

第二章

远航前艰难的准备

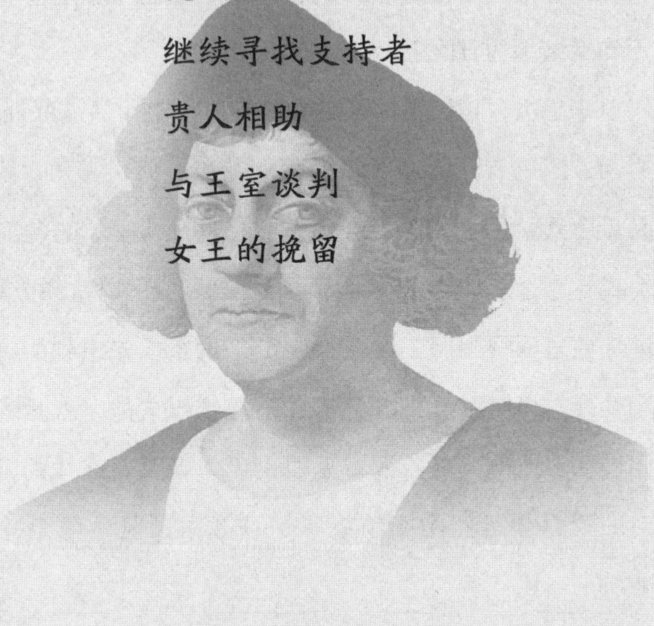

遭受挫折

愿意资助自己的人在哪里呢？

远航耗资巨大，就算是富豪也难以承担这么一大笔费用。更何况就算是资本足够雄厚的富豪，他们也不太愿意把钱花在这不知道结果的冒险上。

思来想去，哥伦布觉得取得国王的支持才是最可行的方案。一方面，国王有开辟新航线的强烈动机；另一方面，国王的财力是毋庸置疑的。另外，若国王支持这项事业，哥伦布不仅可以完成自己远航的梦想，而且可以得到相应的财富和荣誉。

那要争取哪国国王的支持呢？哥伦布首先想到的是航海大国葡萄牙。当时的欧洲各强国，不是忙于内战，就是为边界和邻国展开土地争夺战，根本无暇也无力顾及新航线的开辟。而当时的葡萄牙虽然刚刚结束了一场战争，但是国力并未受到影响。

1481年，葡萄牙国王阿方索五世去世，儿子约翰二世继位。约翰二世向来对远航抱有极大的兴趣，成为葡萄牙国王之后，他就大力推进葡萄牙的航海事业。

毫无疑问，约翰二世登上葡萄牙王位，对哥伦布来说是一件非常有利的事情。考虑了种种因素之后，1484年，哥伦布就写信给约翰二世，向他提出自己远航的计划。他还在信中提及，按照计划他将能发现很多岛屿，这些地方富有金银、珠宝以及无数劳动力。更为重要的是，他可以到达印度、中国和西潘古（日本）等国。

收到哥伦布寄来的信件之后，葡萄牙国王召见了哥伦布。哥伦布提出，如果国王给他提供船只和人员，他将开辟一条直接向西跨越大西洋到达印度的航路，这比绕道非洲去印度的距离更短。他还以丰富的想象力描述了亚洲的范围，还特别强调了西潘古的巨大财富。

葡萄牙作为当时欧洲的强国，早就想要霸占整个非洲沿岸了。15世纪六七十年代，他们就开辟了通过赤道到达几内亚湾的航道，还将非洲一些海岸命名为“黄金海岸”“象牙海岸”“奴隶海岸”“胡椒海岸”等，并从这些海岸运回黄金、奴隶等，从中获取巨大利益。哥伦布向约翰二世提及向西航行开辟新航路时，葡萄牙仍然在继续开辟途经非洲到达印度的新航线。但是由于耗时过长、斥资巨大等，他们的计划尚未成功。

对于哥伦布提出的这项史无前例的新航路计划，约翰二世非常感兴趣，同样希望能够实现这个计划，但是他知道这需要投入的资金肯定不是一个小数目。慎重起见，他并没有急于表态。他打算设立一个专门的机构，来研究讨论这一计划的可行性，等得到一个比较权威的答案之后，他再做决定。

于是约翰二世就将哥伦布的计划交给了他专门设立在宫廷的专业航海咨询机构数学家委员会进行讨论。这个机构由 3 个人组成，即两个犹太籍医师和一个担任过主教的卡斯蒂利亚籍教士。他们都是非常有名望的数学家、天文学家和地理学家。他们经过讨论，认为哥伦布的计划就是空想，根本行不通。理由很简单：哥伦布计算的航程有问题。按照他们的计算，正确的航程应该在 10000 英里左右，而这么远的距离是不可能远航成功的。

面对数学家委员会的结论，哥伦布并没有气馁。他要求面见国王，并向国王再一次陈述向西远航的理论依据、现实条件以及探险成功后所带来的巨额财富。此外，他还向国王提出了自己远航探险的条件：第一，要求国王封他为佩戴金马刺的骑士；第二，要求得到贵族的称号；第三，要求得到海洋统帅的头衔，拥有优越的地位和特别的权力；第四，还要求国王任命他为他所发现的所有岛屿和陆地的终身总督，且其后代可以世袭此职。

除此之外，他将获得的物质利益为：在上述他的领地之内，国王所能得到的所有金银、珠宝、香料和其他任何有用东西的

1/10归他所有。最后，他要求授权他负担此项事业1/8的所需费用，事成之后据此得到1/8的收益。

哥伦布雄心勃勃地向葡萄牙国王描绘远景规划、谈条件，显得信心十足。

哥伦布提出的苛刻的远航条件也让国王有些放心。他认为，既然哥伦布能够提出这么高的要求且愿意承担部分费用，那么这件事就有成功的把握。

除此之外，这个计划成功后所获得的利益也让国王非常心动。为此，国王专门召开了一次国务会议，召集了一批学识渊博的人参加，并亲自听取参会者的意见。

这时一位深受国王信赖的博士给国王出了一个阴险狡猾的主意：暂时不给哥伦布任何答复，让他在葡萄牙境内等消息；与此同时，要求哥伦布提供详细的航行计划，再秘密派遣船只按哥伦布的计划航行，以验证其航行方案的可行性。这样做，既可以充分利用哥伦布的计划可能带来的好处，又不至于让王室损失过重。

哥伦布就这样钻入了葡萄牙王室的圈套。他提供了一份详细的航行方案，包括标明航线的海图和有关文件，供国务会议审议。

当葡萄牙王室将所有资料弄到手以后，就派了一艘三桅快帆船出发了。表面上，这艘船是给其他岛屿运送补给，暗地里，这艘船的使命是按哥伦布提供的航线航行，以检验向西航行计划的可行性。

这艘船开航以后才向西航行了几天，就遭到狂风巨浪的袭击，船长丧失了继续前进的勇气，赶紧返航。回来以后，船长和船员们都在嘲笑哥伦布的计划“非常荒唐”。

在等待王室答复的时候，哥伦布的妻子莫尼斯因肺病不幸去世了，哥伦布悲痛万分。此时，哥伦布又听到来自王室的嘲笑声，顿时感觉自己受到了极大的欺骗和侮辱。

妻子是哥伦布与葡萄牙王室的纽带，她去世以后，哥伦布和葡萄牙王室的联系就中断了。而王室的欺骗更是让哥伦布失望、愤怒，他决定离开这个不讲信义的国家，到别的国家去寻求支持。

约翰二世虽然没有接受哥伦布的航海计划，但是也不想让哥伦布的计划在其他国家落地生根。他知道，如果这个计划被其他国家成功地实施了，对葡萄牙来说会是非常大的损失。

在葡萄牙国王的阻挠下，哥伦布要离开葡萄牙是件非常困难的事情，但是既然下定了决心，就一定要克服困难。因为任何困难都阻挡不了他前往东方的脚步。

来到西班牙

1484 年底，哥伦布带着只有 5 岁的儿子迭戈离开了里斯本。他们从陆路向南走，一路上，为了避免葡萄牙密探的追踪和堵截，他们尽量绕道小路前行。

时值冬天，阴雨连绵，寒风刺骨。他们历尽千辛万苦，终于来到瓜迪亚纳河和尚萨河的交汇处，然后继续沿着瓜迪亚纳河南行。瓜迪亚纳河是葡萄牙阿尔加维和西班牙安达卢西亚的分界线，他们离西班牙已经不远了。

不久，到达了西班牙。哥伦布提着的心总算能够放一放了。此时，他最想安顿的就是自己的儿子迭戈。

迭戈小小的年纪就跟着哥伦布风餐露宿，吃了不少苦。哥伦布看着儿子脏兮兮的脸、瘦弱的身子、裹不住幼小身体的破烂衣服……心里一阵酸楚，为了自己的梦想，苦了自己的孩子，他心里有些过意不去。但是哥伦布转念一想，家人都为自己受了如此多的苦，自己就更应该做出点成绩给家人看看，不能让家人白白受这些苦。

哥伦布千辛万苦来到西班牙，首选韦尔瓦落脚，这是因为哥伦布的亡妻莫尼斯的两位姐姐就住在韦尔瓦。哥伦布想来投奔她们，让她们照顾年幼的迭戈，自己则专心完成航海计划。

到达韦尔瓦之后，哥伦布很快就找到了两位姐姐，并受到了热情的款待。两位姐姐对莫尼斯的病逝感到非常伤心，并表示愿意照料迭戈。

这样，哥伦布没有了后顾之忧，可以全心全意地为他的事业奔波，在西班牙这片陌生的土地上大展拳脚。

西班牙是欧洲一个有着悠久历史的国度。早在 8 世纪，阿拉伯人就侵入，并占据了伊比利亚半岛。

1469 年，卡斯蒂利亚公主伊莎贝拉和阿拉贡王子斐迪南结婚。3 年后他们联合登基，成为西班牙的女王和国王，人们称他们为“双王”。他们的首要任务是实现西班牙的统一。

1485 年初哥伦布到达西班牙时，西班牙还处在统一战争中。在莫尼斯姐姐们的帮助下，哥伦布很快就结识了梅迪纳 · 塞利公爵，并得到了他的赏识，住到了卡斯蒂利亚。

梅迪纳 · 塞利公爵知道了哥伦布的远航计划之后，就决定满足哥伦布的一切要求。公爵正准备拿出大量资金，建造 3 艘帆船，准备一年的食物，配备一些海员和其他一些必需的物品，让哥伦布实现他的伟大计划。

可不幸的是，1485 年 3 月，斐迪南国王和伊莎贝拉女王在塞维利亚过冬后，移师科尔瓦多，召集了众多王公贵族和大封建主，发动了一场以消灭摩尔人为目的的春季攻势。大封建主和王公贵族们，包括梅迪纳·塞利公爵都集合了自己的队伍参与进来。就这样，公爵给哥伦布准备远航的事就宣告流产了。

公爵在作战中突然意识到，哥伦布的远航探险行动并不只是一次简简单单的航行，而是需要向双王报告的一件大事。于是，他立刻给女王写了封信，在信中将哥伦布以及他的远航计划进行了详细的描述，并请求女王关注此事。女王看完信之后，对哥伦布的远航计划产生了极大的兴趣，立刻召见哥伦布。

哥伦布得知这一信息后，非常兴奋，心想：双王见到我之后，若能支持我，给我资助，我就能完成我的梦想，得到我想要得到的一切了。

在公爵的安排下，哥伦布兴冲冲地带着公爵的亲笔信来到了科尔瓦多，希望能够见到双王。慷慨的梅迪纳·塞利公爵还在信中明确表示：如果国王批准实施这项计划，他愿意负担一部分费用，并愿意把他的圣玛利亚港作为装备船队的港口。

但是当哥伦布赶到科尔瓦多时，并没有见到双王。由于当时双王正在集中精力准备对摩尔人发动新的攻势，无暇顾及哥伦布，所以哥伦布只能在那里干等着。

虽然伊莎贝拉女王没有时间接见哥伦布，但是在百忙之中她也没有忘记哥伦布这件事。她传出命令：有关哥伦布的事由卡斯蒂利亚王室司库金塔尼利亚负责。听到这个消息，哥伦布虽然有些失望，但还是带着无限的希望回到了住处，并准备将自己的航行计划交给卡斯蒂利亚王室。

不久，哥伦布将他准备好的航行计划送交给了卡斯蒂利亚王室。哥伦布因没有见到双王，心有不甘，还是想通过各种办法见到他们，亲自向他们阐述自己的航行计划。

双王由于正处于征战中，迁徙无定，这给哥伦布带来了不小的麻烦。哥伦布本来就身无分文，平时的吃喝用度都靠公爵的接济，如今他跟随双王四处迁徙，支撑不下去了。在这种窘迫的境况下，哥伦布只好待在科尔瓦多，耐心地等待双王的接见。

与此同时，卡斯蒂利亚王室司库金塔尼利亚和专家们正在研究哥伦布的航行计划。他们看到计划书中提及神秘的东方有大量的黄金、珠宝、香料等物，都心动不已。一方面，他们希望能够获得东方的财富，以此来使自己的国家更强大；另一方面，他们也清楚西班牙在对摩尔人的长期征战中，国家的财产，包括双王个人的财产，都严重缩水，要支持费用如此高昂的航行计划，确实非常困难。

那该怎么办呢？他们一时之间也拿不定主意，只得等战争结束之后，由双王亲自决定。但他们知道，可不能让哥伦布失望，以免他另寻“高枝”，于是他们给了哥伦布一线希望，让他继续待在西班牙。

王室司库金塔尼利亚非常细心，发现哥伦布的生活十分贫困，于是给哥伦布提供了一些资助，以帮助哥伦布解决温饱问题。看到了一线希望的哥伦布只能在科尔瓦多等消息，他希望好消息能够尽快传到自己耳中来。

哥伦布在这段时间非常苦闷，却偶然遇到了一位叫贝特丽丝的姑娘。贝特丽丝年仅 20 岁，活泼美丽，给苦闷的哥伦布带来了阳光般美好的爱情。或许是爱情的力量，哥伦布在这段等待的岁月里，才不至于对生活失去希望。他们在 1487 年有了爱情的结晶——费南多。

西班牙究竟是地狱，还是福地？漫长的等待究竟能不能够开花结果呢？哥伦布完全不知道。但他坚定地相信，他必须，也一定能够实现自己的梦想，即使路上困难重重。

受到双王的召见

1486 年 5 月 1 日，哥伦布经过漫长的等待，终于迎来了一个阶段性的胜利——双王宣布召见哥伦布。

当天，哥伦布见到了双王。此时的他心中无限感慨：终于能和国王与女王面谈了，我一定要好好地介绍自己的计划，并取得他们的支持。

双王都是非常和蔼可亲的人，这也一扫了哥伦布的紧张感。对双王行过礼之后，哥伦布就开始阐述他的远航计划。

他自信满满地侃侃而谈，谈到航行路线，谈到印度，谈到西潘古的金银、珍珠、香料、绸缎、瓷器、玉石铺的桥、黄金盖的屋……谈到只要驾船向西驶去，就能运回数不尽的金银财宝……双王专心地听着。甚至在谈话过程中，兴奋的哥伦布走到双王跟前，展开了一幅随身带来的地图，详细说明了他将要航行的路线，让双王能够更加清楚自己的计划，并支持自己的计划。

由于长时间的战争，此时的西班牙在财政上已经非常吃紧了。与此同时，作为葡萄牙的主要竞争对手，双王对于哥伦布所描述的东方的巨额财富表示出了极大的兴趣。可是对于投资如此巨大的一次航海行动，他们还是非常谨慎。

对于哥伦布描述的美好前景，双王沉默了一阵，他们打算先听听专家们的看法，再回复哥伦布。

哥伦布也能够理解双王的用意，一方面，毕竟是耗资如此巨大的一次航海探险，不能草草做决定，从另一方面来讲，让专家来讨论此计划也表示出了西班牙王室对哥伦布的尊重。此种情况之下，哥伦布只好退下，静待消息。

双王下令成立了一个专家委员会，审议哥伦布的计划。专家委员会设在萨拉曼卡，当时西班牙最高学府所在地，是西班牙学术活动的中心。那里专家云集，资料和地图齐备，还拥有欧洲非常好的天文学研究中心。

西班牙王室成立的专家委员会的主持是塔拉维拉神父。他对王室极其忠诚，工作兢兢业业，富有献身精神。女王对他极为倚重。

在专家委员会成立并讨论哥伦布计划的这段时间，王室安排哥伦布住在萨拉曼卡城的圣·斯蒂文修道院。专家委员会的第一次会议也将在这里举行。

哥伦布此时非常忐忑，因为那不可预知的未来——专家委员会能否通过这个远航计划。

当时，宗教和科学是紧密联系在一起的。知识被封闭在修道院里，教授的席位完全被神父们占据。除了世袭的贵族外，神职人员不仅控制了教堂，而且几乎控制了整个国家。文艺复兴以来，人们加强了对知识的追求，但思想中仍掺杂着大量的宗教因素。在这一点上，西班牙超过了所有其他基督教国家，表现出了特别的宗教热忱。

刚刚建立起来的宗教法庭对任何异端邪说都要进行严厉审判。而哥伦布理论中的某些部分如果被曲解了，肯定会遇到难以辩解的问题。而深究这些问题，就一定会对哥伦布造成影响，甚至会给他带来不可预知的审判。

但是哥伦布没有选择，他只能带着不安和期许等待着，不管此次会议的结果如何，他都要等待下去。

就是在这样的背景下，一次宗教界德高望重的长老们的会议在圣·斯蒂文修道院的大教堂里举行了。参加会议的有天文学、地理学、数学和其他学科的专家。他们环坐在高高的主席台上，交头接耳，议论纷纷，谁都没有把哥伦布放在眼里。

一进入会场，哥伦布就感觉到了专家们的轻视和傲慢，可是他们不可一世的态度和大教堂里凝重的气氛并没有压倒哥伦布。因为这一天他已经等得太久了，也准备得太久了。

哥伦布衣着简朴，站在这些表情严峻的权威面前，丝毫没有显露出一点胆怯，他对自己的计划十分有信心，早已成竹在胸了。他深知今天的会议关系到他魂牵梦萦的远航事业的成败，决定着他今后的命运。

会议开始后，主持人塔拉维拉神父首先让哥伦布谈他的家庭、受教育的情况等。让他谈自己卑微的出身，几乎为空白的学校教育，这明显是要羞辱哥伦布。面对着专家们威严的气势，哥伦布并没有屈服，而是实事求是地回答了神父的问题，表现得大方得体，不卑不亢。随后，哥伦布充分发挥了上天赋予他的才能，用洪亮的嗓音，以雄辩家的口吻侃侃而谈，详尽地阐述了他的理论和计划。最后哥伦布还恭谦有礼地请各位专家对他的事业给予支持。

哥伦布话音刚落，专家们就迫不及待地开始对他的计划提出质疑。其中，专家们抨击得最为猛烈的一个观点是，南半球存在着一个与北方对应的地区——一个相反的极地。学术和愚昧的竞争围绕着这一命题针锋相对地进行了。专家们将《圣经》中与此相关的内容当作武器，用荒谬的神学理论将哥伦布地圆学说的科学理论批驳得一文不值。

随后，会上有些专家提出了一些现在看来极其可笑的问题："难道会有人愚蠢地相信真的有什么相反的极地吗？""如果真的有这样一个地方，那里的人走路是脚朝天头朝地吗？""如果世界上真有那么个地方，那里的一切事物都会颠倒过来吗？""树枝会朝下长，雨雪会向上落吗？"如此等等。

哥伦布竭尽全力想要通过自己的辩解让这些古板的神学者

们接受“地球是圆的”这一理论，但那是不可能的。

当然也有一些学者承认地球是球形的，也承认人在地球的另一半可以居住。但他们认为这边的人不可能到达那边，因为一路上生存和交通的条件都极其恶劣。即使能够到达地球的另一半，但地球的圆弧太大，至少需要花费 3 年时间。这么长的路程，因为不能保证给养，海员会饥渴而死。

也有学者认为即使侥幸成功地到达“印度”，也不可能原路返回，因为地球作为一个圆球，路途渺茫，不会有顺风推动船只返航。

面对着种种质疑，哥伦布运用自己多年来的研究成果和收集的各种资料等都一一给予了回答。

专家中也不乏一些有识之士，他们认为，哥伦布的计划中还是有某种合理的成分，值得一试。

但与反对者的声音相比，支持者的声音要弱小和温和得多。最后，这场辩论在双方都不肯让步的情况之下结束了，而哥伦布又不得不回到自己的住处。

继续寻找支持者

在萨拉曼卡就哥伦布的计划举行会议以后，因忙于应付战争，西班牙王室对哥伦布的计划并没有做出任何决定。就这样，哥伦布不得不再次陷入苦苦等待的煎熬之中。

在此期间，为了维持生活，打发时间，哥伦布在塞维利亚开了一家经营地图和图书的小店，可是生意惨淡，有时连自己的基本生活都不能够保障。

在这样拮据的情况下，哥伦布仍能长久地待在西班牙，要归功于他在宫廷中的一些朋友。他经常得到门多萨神父的帮助。门多萨神父是塞维利亚大主教，后来又担任宗教法庭总法官。门多萨神父可能也是一位航海爱好者，非常看好哥伦布，所以哥伦布在西班牙期间，他一直都非常照顾哥伦布。靠着微薄的收入和资助，哥伦布勉强生活着。

在门多萨神父的帮助下，双王知道了哥伦布的窘境，就将哥伦布的名字载入西班牙王室的薪俸名单中，让他可以按月领取王室发给他的薪水，从而免于穷困潦倒。

这时，西班牙王室也一直在为还未完成的战斗继续迁徙，王室成员也一直在跟随着双王的脚步迁徙，都抽不出时间来过问哥伦布的远航计划。

哥伦布只好紧跟王室的步伐，希望能再次见到双王。虽然东奔西跑非常累、非常耗费财力，但是为了能够早点得知西班牙王室对远航计划的看法，他还是不得不这样做。

1487 年初春，西班牙王室离开萨拉曼卡，前往科尔瓦多。他们准备在此对摩尔人展开最终围剿。科尔瓦多是西班牙围攻摩尔人堡垒格拉纳达的军事基地。哥伦布与门多萨神父一道随同王室到了科尔瓦多。不久之后，哥伦布受到王室邀请，前往前线的王室营地，并获得了王室提供的免费食宿。

哥伦布安顿下来之后，无时不在想方设法再次向西班牙的专家们解说自己的计划。有时候专家委员会准备听取他的说明，但因军事行动的开展而推迟或取消。有时候，哥伦布又不得不去参加一些单调乏味、议而不决的会议，白白浪费时间。但是为了能够得到一个令他满意的答复，他耐着性子和这些专家周旋。

在之后的时间里，哥伦布切身体会到西班牙人因循守旧、拖拉敷衍的作风，这让他吃够了苦头。而哥伦布只能忍气吞声，凭借自己坚强的意志继续努力。

可是随着时间的拖延和无休止的变动，哥伦布没有办法继续干等下去了。这时他想要扩大自己寻求帮助的范围，另寻一条出路。

哥伦布这几年在西班牙积累了一些人脉，于是逐一拜访了一些有能力并且可能会支持他的权贵，希望能够获得帮助。可是结果都不尽如人意，权贵们大都认为哥伦布的计划是空想，都不愿意支持他。一年下来，哥伦布什么都没有办成，远航计划还是止步不前。此时的他真是心力交瘁。

越是这种绝望的时候，哥伦布就越有力量让自己振作起来，更加奋勇地前行。在一次次的碰壁之后，在没有得到西班牙的任何回应之前，他不想放弃西班牙。但是西班牙人的拖沓也让哥伦布将目光转向了其他国家。

综合各方面因素考虑良久之后，哥伦布还是决定向葡萄牙求助，毕竟它是当时欧洲航海事业的大国，能够得到它的支持自然最好。

其实哥伦布在西班牙期间，葡萄牙那边也向他抛出了橄榄枝。

哥伦布在前往圣玛利亚港的船厂了解梅迪纳·塞利公爵下令制造的快帆船时，葡萄牙的密使曾找到他，并向他传达了葡萄牙国王想让他重返葡萄牙的旨意。

哥伦布想到自己在葡萄牙遭遇的一切，于是希望密使能够带着葡萄牙国王的亲笔书信来，他才会做出决定。此后，他一直都没有切断与葡萄牙国王的联系。

1485 年春夏之交，密使来到科尔瓦多，手里拿着盖有葡萄牙国王印章并由他亲笔签名的信件，让哥伦布返回葡萄牙，并保证将给哥伦布优厚的待遇，可哥伦布并没有答应。

时间到了 1488 年 3 月，葡萄牙国王约翰二世不愿看到哥伦布的计划被西班牙付诸实施，便又给他修书一封，诚恳地劝说哥伦布返回葡萄牙。

约翰二世在信中写道："克里斯托弗·哥伦布，我们的特殊朋友……至于您因为这是件冒险的事，出于某种您不得不考虑的原因而对我们的司法有所顾虑的话，我们可以通过此信向您保证，您可以来去自由，绝不会因任何民事问题或其他性质的罪名而受到逮捕、拘留、控告、传讯或起诉。"

哥伦布有些心动了。面对西班牙的不确定性和葡萄牙的热情召唤，他不知道该如何抉择：是继续待在没有音讯的西班牙，还是回到可以给自己提供机会的葡萄牙？

正在哥伦布犹豫不决的时候，葡萄牙开辟新航线的事业有了新进展的消息传了出来。原来 1488 年航海家迪亚士奉约翰二世的命令，带领探险船队从里斯本出发，沿着非洲海岸航行，到达了非洲最南端，发现了好望角。

哥伦布还听说，在前一年，有一位航海探险者也向约翰二世提起过西航的计划，但是他出航后再也没能回来。

虽然约翰二世一再劝说哥伦布回到葡萄牙，但是哥伦布知道此时的葡萄牙国王并不是全心全意想帮自己完成西航探险计划，而且自己一旦回到葡萄牙，再次全身而退的可能性几乎为零。综合这些因素，他决定不回葡萄牙，并彻底断绝跟葡萄牙国王的往来。

排除了航海大国葡萄牙，西班牙又处于待定状态，还能够依靠谁呢？此时，哥伦布想到了英国。

但是身在西班牙的哥伦布没有办法亲自去英国，向英国国王陈述自己的计划。这时，他想到了自己的弟弟巴代勒米。他让弟弟前往英国，向英国国王介绍自己的西航计划。可是英国刚刚结束了为时 30 年的玫瑰战争，正处于战后恢复期，根本无心也无力支持哥伦布的远航计划。

哥伦布四处寻找支持者的事情虽然是秘密进行的，但是天下没有不透风的墙，西班牙双王还是或多或少知道了一些消息。为了缓解哥伦布的焦虑情绪，把哥伦布继续留在西班牙，伊莎贝拉女王发布了一道命令，规定在哥伦布所经过的地方，地方官吏必须无条件为他提供免费食宿。哥伦布别无选择，只有继续待在西班牙。

1490 年很快就要过去了，西班牙王室仍然没有给出任何答复，已经没有耐心的哥伦布坚决而又强烈地要求西班牙王室做出决定。

在这种情况下，西班牙王室下令由塔拉维拉神父召集众专业专家们再举行一次会议，并指示他们必须就哥伦布的建议给出一个结论。可是塔拉维拉神父故意拖延，直到1490年底才写出报告呈送给女王。更为要命的是，此报告否定了哥伦布的建议。

报告认为，从西向东横渡大西洋的计划“没有根据”“难以办到”，所提议的前往亚洲的航行，能不能回来都值得怀疑，即使能够回来，也需要3年时间。在这么长时间的航海过程中，船只的补给问题根本没有办法解决。而且大西洋比哥伦布想象的要辽阔得多。总而言之，哥伦布的计划根本是天方夜谭，没有任何可行性。他们认为，这件事除了浪费钱财和损害王室的威信之外，不会有任何结果。

正在战争前线的双王虽然看到了专家们的意见，但还是不想放弃这个可以让国家振兴的机会，他们希望专家们再进行一番细致的考虑和验证。于是，1491年专家们再度开会磋商，但结果依然如故。

三番两次被专家否认方案，哥伦布觉得继续耗在西班牙只是在浪费自己的时间，很难看到成功的希望，于是他想到了法国，或许法国国王会给予他支持。

这一次，他还是先让自己的弟弟巴代勒米前往法国，探探法国国王的口风。不久，弟弟传回口信：法国国王对此事似乎有些兴趣。

虽然此时哥伦布有离开的想法，但其实他仍然对西班牙抱有一丝希望。因为女王曾经答应过他，待西班牙攻下最后一块领土格拉纳德之后，将会与他详谈远航的事情。

是去还是留？哥伦布已经没有头绪了。

此时的西班牙正处在争夺土地的最重要阶段，大家都为夺取最后一块失地而忙得不可开交，而哥伦布也在等待王室最后的决定。

贵人相助

在西班牙这么多年，哥伦布并不是孤身一人，虽然有些人非常排斥他，而且大多数时候还有许多麻烦围绕着他，但是他也在这里遇到了他命中的贵人，也正是这个人，让哥伦布能够在最后时刻留在西班牙。

1491 年，哥伦布有了离开西班牙的想法之后就从妻子的姐姐家接回了迭戈，并带着他辗转来到了西班牙边界安达卢西亚，父子俩风餐露宿了好几天，显得疲惫不堪。

安达卢西亚位于西班牙南部，这里有一个港口城市帕洛斯。在离帕洛斯城大约两英里的地方，在宽阔的延托河岸边一座高高的山坡上，耸立着一个名叫拉比达的修道院。帕洛斯是一个繁忙的港口城市，每天有大量船只进出。拉比达修道院从建立之日起就和海员有密切的联系，并且会接待和周济一批又一批过往的教徒和乞丐。

哥伦布和迭戈又渴又饿，便站在了受施者的队伍中，等着拿点吃的和喝的。拿到了食物和水之后，迭戈狼吞虎咽，哥伦布却只吃了半个面包，将剩下的一半包好，准备等迭戈饿的时候再给他吃。他们吃完后，准备继续赶路。

父子俩刚要离开时，修道院院长马歇纳神父正好碰见了他们。马歇纳神父出于对他们的怜悯，说道："我的孩子，黑夜就要降临了，前面的道路崎岖难行。你们看起来十分疲倦，为什么不在此歇息一晚呢？"

哥伦布略有迟疑，随即同意了，心想明天早晨再赶路也不迟。马歇纳神父引领父子俩到了修道院的一个房间，并询问了一些哥伦布的情况。

哥伦布介绍道："我叫克里斯托弗·哥伦布，是一个虔诚的基督徒，职业是航海者兼地图制作人。此前我曾去韦尔瓦看望亲戚，准备将孩子寄养在那里，但孩子不愿意与我长期分离，和姨妈们住在一起。我只得把他带在身边，如今孩子跟着我风餐露宿，吃了不少的苦，非常感谢您今天的款待，愿耶稣基督保佑您。"

寒暄了一番之后，马歇纳神父说："哥伦布先生，既然你是一位地图制作人，你可能会对我们的图书馆感兴趣，我请安东尼奥神父给你带路，过一会儿我也去那儿。"

哥伦布到了图书馆，发现那里挂在墙上、铺在桌上的是各式各样的大幅地图，还有球形仪器、航海图书等。

哥伦布非常好奇，就问安东尼奥神父："这些东西是谁制作的呢?"安东尼奥神父告诉哥伦布，这些是院长和其他神父的作品，他们全都热心钻研航海技术。空闲时，他们还会为帕洛斯港和其他地方的船员绘制海图。

在图书馆里，哥伦布发现了修道院院长亲自绘制的一幅地图，图上画有欧洲和非洲的西部海岸，还有大西洋中已知的许多岛屿。哥伦布立即被这幅地图吸引住了，全神贯注地研究起来，连安东尼奥神父离开了他也没有察觉。而他的儿子这时已经在院长的座椅上睡熟了。

借住在修道院的第二天，哥伦布和马歇纳神父一起谈论了他们非常熟悉的地图，两人都非常高兴。马歇纳神父看着这个有些沧桑的男子，心里有些好奇与疑惑。而哥伦布也是一个非常健谈的人，他与人交谈时所表现出来的亲和力和真诚，让人无比喜爱。

谈着谈着，哥伦布就毫无顾忌地跟马歇纳神父诉说了自己的远航梦想。

那些遥远的岛屿和海上的探险，经哥伦布的嘴讲出来，似乎哥伦布已经远航回来了一样，他对此表现出了十足的信心。他告诉马歇纳神父，他一定能够找到支持他的人，他的梦想一定能实现。

在一般人看来，哥伦布似乎有些自大，甚至有些不知道天高地厚，没做过的事情，还讲得跟真的一样，多少有些吹牛的嫌疑。可是马歇纳神父没有以这样的眼光看待哥伦布，因为哥伦布眼神里透露的坚毅，让他对哥伦布的话深信不疑。

马歇纳神父心想：这么一个潦倒的人，竟怀有这样不平凡的理想，是多么了不起啊！他仅仅是为了财富而怀有这么伟大的梦想的吗？可是财富能够让一个人有如此坚毅的神情吗？

“你奔波了这么多年，可真不容易。航行到东方，寻求那里的黄金和香料，那又算得了什么？这些财富，实在说来是空虚而无价值的。《圣经》告诉过我们，人类不是仅仅为面包而生存，真正的基督徒不能只追求地上的财宝，这点你一定也很清楚。我们的心不可因为地上的财宝而动摇。耶稣基督说过，富人要进天国，比骆驼穿针还要困难。”马歇纳神父和颜悦色地说，其实他是想用这些话来试探哥伦布。

“是的，我也是一个虔诚的基督徒，我很明白您说的话。我也并不仅仅因东方的财宝而动心，我还抱着很坚定的信念。我认为世界是个整体，世界上的人类，都是神所创造的，都是兄弟姐妹。因此，我想这地球上所有不同的人种，如果大家都携手并肩，互相帮助，就能在和平喜悦中快乐地过日子。而且，对于有些尚未开化的土著人，传给他们耶稣的福音，把基督教的信仰传播到全世界，这就是我一生的愿望。为了这个愿望，就是牺牲了我自己的生命，我也绝不后悔。虽然现在我如此落魄，但对于发现新航路的希望和计划，我还是不肯放弃。”

哥伦布说着说着，眼睛也亮了起来，他的言语、态度洋溢着无限的热情。

马歇纳神父被感动了，他决定帮助哥伦布。这位心地善良的老人提议让哥伦布将迭戈留在修道院，自己可以照应迭戈，好让哥伦布安心地去做自己的事情。哥伦布见马歇纳神父这么热心，拉比达修道院的环境也很好，就决定把他的儿子迭戈留在这家修道院。

马歇纳神父非常喜欢航海事业，在帕洛斯有着许多航海界的朋友。他便把这些人介绍给哥伦布，并时常请他们来和哥伦布一起讨论有关西航的种种设想。

这些人中有一位名叫马丁·平松，他是帕洛斯最有钱的船主。平松一家几代都从事航海事业，在当地久负盛名。他身材不高，但肩宽体壮，皮肤黝黑，络腮胡须修剪得整齐精神。他衣着考究，戴着金耳环，这是当时船员流行的装扮。平松来看望哥伦布的次数最多，停留的时间也最长。他们俩经常在一起比较研究各种地图，开列设备清单，构想未来可用的船只。

马歇纳神父介绍的这个人最后也成了跟随哥伦布向西航行探险的主力。

在西班牙，哥伦布虽然也有可以交流的朋友，但是在他看来，马歇纳神父才是最懂他的内心，最能够从根本上支持他的人，他对马歇纳神父充满了信任与感谢。

为了等待西班牙王室的通知，哥伦布在修道院住了一段时间，并与不少有航海经验的船员和热爱航海的人士有愉快的交往。但是时间一久，双王的认可迟迟没有到来，这让哥伦布不安又失落，他又想到了法国。

一天，哥伦布将他想要到法国寻求帮助的想法告诉了马歇纳神父。马歇纳神父非常清楚，哥伦布的西航计划对于西班牙而言是非常重要的，放弃哥伦布将是西班牙最大的失误。

马歇纳神父担任过伊莎贝拉女王的忏悔牧师，并以其德行和智慧赢得了女王的极大尊敬。女王经常会听取他对一些问题的建议。鉴于这一点，马歇纳神父决定去面见女王，与女王商讨哥伦布的计划，尽量促成这件事。

正在此时，马歇纳神父得到消息：双王此时正率领大军重重包围了摩尔人盘踞的格拉纳德，一场决战就要在那里进行，摩尔人对西班牙几百年的占领即将结束。

马歇纳神父坚信，有这样一个大好时机，双王陛下一定会乐意再次听取哥伦布的计划。平松完全赞同马歇纳神父的看法，并且表示，如果计划获得批准，他将乐意提供资金和船只作为支持。

马歇纳神父立即写了一封信向女王说明情况，慎重起见，他决定先行一步单独去见女王，而让哥伦布在修道院静候佳音。他只带了一小袋面包和一瓶水，当天半夜就骑着驴子朝格拉纳德方向出发了。

与王室谈判

很快，在双王的带领下，格拉纳德被攻下了。摩尔人被赶出了西班牙，伊比利亚半岛从摩尔人的统治下解放了出来，这场延续了800年的战争结束了。

马歇纳神父很顺利地就见到了双王，并向他们再一次说明了哥伦布的计划。很快，哥伦布就接到了通知：双王要会见他。

照此看来，西班牙完成国家统一战争之后，双王对西航计划还是持支持态度的。哥伦布非常兴奋，整理好行装和需要用到的资料等，就迫不及待地出发了。

虽然在此之前，专家委员会对于哥伦布的西航计划一直抱着一种怀疑和不支持的态度，但是由于马歇纳神父在给女王的信中提及了远航成功的意义，让女王对这次远航再次产生了兴趣，也表示了支持。

在西班牙宫廷大殿上，双王让哥伦布再一次陈述他的计划，并就此前专家委员会的疑问给出相应的辩解。

哥伦布向双王深深鞠躬后就开始了他的演讲。他起初语速缓慢，随后渐渐加快了速度，且情绪越来越激昂。他重新讲述了一遍他的计划，还将自己的辩解完美地穿插到对计划的陈述中，一气呵成。

最后，他强调说："我说的话都是真实的。陛下，我愿意以我的生命作担保。两位已经看过了我呈献的地图，绘制这张地图的并不仅仅是我一个人，参与其中的还有许多有学问、有经验的人，两位要相信他们都是对神秘的西边大洋做过研究的了不起的权威。我将按照地图上的航线，穿越西边的海洋，登上印度之岸。尊敬的双王陛下，我要重申，我这样做是以我的生命作担保的。不仅以我的生命，还以我这么多年来费尽心血树立起来的信誉。"

哥伦布接着说："我只能做这样的保证。只要双王陛下赐给我 3 艘船，我敢承担任何风险。如果上帝赐福，我一定能发现我所说的那些岛屿和陆地。那时候西班牙的收获可以与战胜摩尔人的胜利相媲美……"

斐迪南国王不等哥伦布说完，就打断他的话说："西班牙刚刚经历了战争，国家百废待兴，国库根本就筹不出那么多资金。虽然你说你只要求得到 3 只船，这比较简单，但是对于一次需要一年或许更长时间的远航来说，你实际上要求得到的除了船，还有人员、给养、武器等。这么一大笔费用又从哪里筹措得到呢?”

“从印度，陛下!”哥伦布忍不住高声说道，“在那里，一个省的财富比整个欧洲的财富还要多! 这已经由马可·波罗和其他许多去过东方的旅行家证实了。他们在那里亲眼看见过黄金铺屋，珍珠遍地。印度的王子们乘坐的大象身上都铺着镶有宝石的丝织挂毯。而哪一个欧洲国家舍不得用3艘船的代价换取那些无尽的宝藏呢?”

“我要做第一个西航到达印度的人，哪怕有1000艘船也载不完印度的财宝。陛下，只要您能够给我提供西航的资助，我就可以保证给西班牙带来这些东西。我的计划并不是一个秘密，相信现在很多人都在谈论它，包括欧洲其他国家的人们，很可能葡萄牙、法国、英国已经有人在准备船队即将进行我在这儿所建议的远航了。几年之后，西边的大洋上很可能会出现一条繁忙的航路。不用多久，其他国家的某个人就会驾船开通这条航路。陛下，机不可失，时不再来啊!”

大殿上所有的人都被哥伦布的话吸引住了，即使那些抱有成见的人也为他的雄辩所感染。哥伦布讲话结束以后，全场鸦雀无声。人们屏气凝神，都在等待国王开口。

国王轻轻地咳了咳，然后环顾周围，显然国王也觉得哥伦布的话有道理。这时，在场的人打破沉寂开始低声交谈起来。

国王问哥伦布是否把远航相关的材料带来了，尤其是远航的成本预算。哥伦布掏出两份写得满满的羊皮卷，说其中一些信息就在这羊皮卷上，其他材料存在他的住所里。

国王让哥伦布把他的那些材料交给王室秘书，并指示专家委员会在一两天内开会，再仔细讨论哥伦布的计划。

哥伦布这时才松了一口气，紧张的神态放松了下来，脸上还流露出一丝喜悦的表情。参加会议的马歇纳神父和在门口等候的安东尼奥神父都为这次晋见取得的进展而欢欣鼓舞。

但是这种乐观的情绪并没有持续多久。几分钟之后，塔拉维拉神父开口说话了："哥伦布先生陈述了他探险需要的条件，但是没有讲他个人有什么要求，在此事提交专家委员会以前，我们需要知道如果探险成功的话，哥伦布先生想要得到什么样的报酬。"

国王也表示赞同，所有人都在等待哥伦布说话。他略为迟疑后，提出自己的要求："请陛下赐予我'海洋统帅'的称号，率船队出海。陛下应当任命我为我发现的所有大陆和岛屿的总督，我的长子可以继承这些职位，并且一代一代传承下去，我还认为，在上述地方获得的一切利益中，我应当占有 1/10。此外，我还理应得到海军上将（即海军统帅）和大总督职务应得的薪水，并拥有这些职务的所有权力。"

哥伦布话音刚落，全场为之愕然。谁也没有料到他会提这么高的要求。哥伦布讲完以后，发现自己被笼罩在一片可怕的寂静之中。大殿上静得似乎连一根针落到地上都能听见。

过了一会儿，国王说话了："哥伦布先生，你能不能把你的要求调整一下？”

在哥伦布看来，这些要求都是合情合理的。他在西班牙滞留了那么长的时间，吃了那么多的苦，受了那么多的气，他可不愿意白白地为西班牙奉献他的一切，他必须让西班牙人真正明白他和他的远航计划的价值。

面对已经面带愠色的国王，哥伦布不卑不亢地高声说道："西班牙将从谁手中获得它的帝国？从一个纺织匠的手中，一个由它任命的海军元帅的手中！”哥伦布的态度强硬而又决绝，因为他知道这就是他西航的价值。

国王在得到哥伦布如此坚定的答复之后，也没有继续问下去，而是耸耸肩对哥伦布说："好吧，先生，专家委员会将会一并研究此事。”

在整个会见过程中，女王一直都非常平和，即使是在哥伦布提出了让众人咋舌的要求时，女王也并没有表现出对这件事情的任何不满。这似乎表明女王是支持哥伦布的计划的，但她并没有任何表示。她想要静观其变，她是西班牙的王，她必须为西班牙的未来着想。

国王将西航计划交给专家委员会再次研究，这无疑是在给这份计划判处死刑。对此，马歇纳神父以及对这次远航抱有希望的人都大吃一惊。

其实在会见的过程中，会场的形势一直对哥伦布非常有利，可是当哥伦布提出了自己的要求之后，所有的人都认为哥伦布疯了，竟提出如此荒唐的要求，他期盼已久的远航计划肯定要泡汤。

要知道“海洋统帅”的称号在西班牙是非常高贵的头衔，何况哥伦布的条件中还包括他所到之地可能获得的财富，这也难怪他激怒了西班牙王室。

两天以后的一个晚上，女王的亲密朋友莫雅女侯爵给马歇纳神父带来了一个坏信息：专家委员会宣布反对哥伦布的计划。接着她又说希望并未完全破灭，女王仍然支持哥伦布，如果哥

伦布能降低要求，那么女王就可以试着重新考虑哥伦布的西航计划。

哥伦布知道王室的决定之后，还是坚持他之前提的要求，而且准备离开西班牙前往法国。

马歇纳神父听了女侯爵的口信，又知道了哥伦布的决定，打算最后努力一次，劝说哥伦布留下来。当马歇纳神父找到哥伦布时，哥伦布已经穿戴整齐，把装进袋子里的行装正往一头驴子的背上放，看样子他是真的要走了。

马歇纳神父叫住哥伦布。哥伦布就对马歇纳神父说："我正想向您告别呢。"

"你到哪儿去呀?"马歇纳神父高声说道，"你不应该走，现在还不是时候。你应该再等几天。"

"我等得已经够久了，而且我现在和西班牙已经没有什么关系了，我要到法国去。亲爱的朋友，我很抱歉，但我从心底里感谢您为我所做的一切。我知道您认为这一次是我的过错，毁掉了您为我辛苦安排的良好机会。我为此再一次向您表示歉意，原谅我吧。我再也不能让您为我的计划浪费精力了。很早以前我就计划着去法国，或许我早该走了。"

马歇纳神父想要开口说话，但哥伦布根本不听："不，不，神父，您也说服不了我。我很高兴我现在可以走了，再也没有那些难熬的等待，再也不用去央求权贵了。到了法国，我会更加努力，一切重新开始。亲爱的朋友，为我祝福，让我走吧。”

哥伦布去意已决，他不想再犹豫、等待，耗费时间，于是不等马歇纳神父回话，就迫不及待地上前去和马歇纳神父拥抱，然后转身跨上了驴子，朝着科尔瓦多的方向走了。

女王的挽留

看着哥伦布离开的背影，马歇纳神父知道现在唯一能够做的就是秘密会见女王，说服女王同意哥伦布的计划，并追回哥伦布。而这却是一场无比艰难的战斗，马歇纳神父现在唯一的敌人就是时间了。他必须抓紧时间，希望来得及追回哥伦布。

马歇纳神父叫来哥伦布的支持者桑当耶，让他赶往王宫向女王禀明情况。桑当耶来到王宫时，天已经黑了，女王一听说哥伦布已经走了的消息，立刻接见了桑当耶。

桑当耶见到女王，向女王报告说："女王陛下，哥伦布的西航计划不可以放弃啊。如果哥伦布的计划能够成功，他不仅能让西班牙拥有更广袤的领土，而且可以极大地提高西班牙的声望。反过来，这样的计划如果在别的国家实现了，那对于西班牙来说绝对是一个非常大的损失啊！"

桑当耶顿了一下，接着说："虽然哥伦布的计划可能需要很多钱，而且在长时间的战争之后，国库空虚，可能承担不了如此高昂的费用。但这一点请女王放心，我手中还有些钱，我也愿意承担一部分费用，这样也可以暂时缓解一下国库资金短缺的问题。至于哥伦布所要求的贵族头衔、官职以及报酬，那些都是远航计划成功之后才能兑现的事情啊。如果能够成功发现通往东方的新航线，那么国家所获得的荣誉和财富远远大于皇室将要付给哥伦布的；如果远航没有成功，那么他所有的要求都只是空话而已，西班牙王室并不会损失什么。支持哥伦布的计划是对西班牙有益无害的事情，请女王陛下三思啊！”

听了这一番话之后，女王立刻下令让自己的卫兵骑上快马前去追回哥伦布。

第二天天刚亮，一个戴着皇家臂章的卫兵骑着快马从圣菲出发，奔上了去科尔瓦多的大道。卫兵在一个叫作松木桥村的地方截住了哥伦布。他大声对哥伦布说：“哥伦布先生，我奉女王之命，请你回宫。我这里有她的戒指为证。”

哥伦布不相信这个人的话，说：“听着，我的朋友，不要打扰我。回去报告女王，就说没有找到我，我不能再在西班牙浪费时间了。我再也没有耐心等待西班牙国王开恩了，再也不会回去了。”

哥伦布手中鞭子一扬，就要催着驴子继续前行。卫兵急忙抓住驴缰绳，高声对哥伦布说：“老兄，别犯傻了。女王让我告诉你，你要的一切都会有的，是女王派我骑马跑这么远来追你的，难道你让我就这么空着手回去吗？”

随后，卫兵掏出一封信——那是桑当耶写给哥伦布的信。信中也说明了女王答应哥伦布的西航计划和他所有的要求，让哥伦布早点回去准备。

哥伦布仔细看了这封信，又检查了火漆封印和签名，然后抬起头来说：“我怎么能够相信这一切都是真的？”

卫兵说：“那你现在可以跟我回去验证一下！”

于是，哥伦布二话没说，骑着驴子，转身回圣菲去了。后来的一切都很顺利，女王的威望和关怀扫除了一切障碍，接着哥伦布获得了整个王室的认同。这之后，航海计划进一步完善、成熟。

哥伦布的西航计划终于得到了大家的认可，他的辛苦终于换来了回报，这让他干劲十足。当他得知王室将起航的地点定在帕洛斯港，他也就迅速赶到帕洛斯积极准备开展招收海员的工作。

帕洛斯城位于西班牙南边延托河入海口处的一个小港湾中。由于在对摩尔人的战争中，帕洛斯人态度消极，常常对西班牙王室的命令阳奉阴违，致使王室对帕洛斯人的印象很不好。国王让哥伦布在帕洛斯寻找适合的海员，让他们在哥伦布的率领下，到遥远的大西洋去执行任务，为王室效力。最不可思议的是，国王要求帕洛斯人在 10 天之内交出两艘帆船，并做好起航的一切准备。

要让帕洛斯人在10天之内完成与远航有关的所有准备工作是不现实的，如果在此期间发生一些骚乱的话，肯定会影响远航计划的实施。

哥伦布对这些都很头疼，然而更让他头疼的问题紧接着也出现了——帕洛斯没有人愿意和哥伦布一起去出海。他们觉得那就是去送死。毕竟去从来没有人去过的遥远的大洋中探险是需要极大的勇气的。而且在人们眼中，没有人去过的神秘的大西洋是有着黑色魔法的，人们暗地里叫它“魔海”。他们认为要是冒犯了“魔海”，就会受到惩罚。

帕洛斯人说：“真是岂有此理！虽然这是国王的命令，可是，谁也不愿意到那‘魔海’里去送死呀。难道不能让别人去吗？我们可不愿意去！”

一时之间，流言四起，甚至到后来，有的人还确信在“魔海”的那一边，烈火把天空烧得焦烂，海水则会流入无底的深坑里，能把人送到地狱去，非常恐怖。国王的命令也好，巨额的赏金也好，都不能打动他们的心。

所以，哥伦布费尽心思，也无法募集到足够的人员，这让他束手无策。没有船员，就算是有周全的航海计划，又能怎么样呢？

为这件事头疼了很多天的哥伦布只能寄希望于双王，他希望双王能够帮他想想办法。

随后，国王给了哥伦布一些犯人，并下了一道命令，即对愿意跟随哥伦布去探险的人，将赦免其罪行。无奈之下，哥伦布只能不顾旁人的劝阻，从罪犯中挑选了一批有航海经验的人加入自己的远航队伍。

除了船员，哥伦布还请来了几个专业人士，例如会说十几种语言的翻译、负责记录航海过程中发现的地方和人物的秘书等。哥伦布还请来了王室公证人随船远航。

最终，哥伦布招募到了 87 名航海人员，圆满完成了任务。

哥伦布是一个非常细心的人，此次航行的所有细节早就在他的脑海中演练了成千上万遍，所有可能出现的情况他都已经想到，并为其做好了充分的准备。所以筹办这些事情时，他显得得心应手。

在准备工作中，哥伦布除了准备必要的食品、淡水和药品之外，还准备了不少小商品，如玻璃珠、黄铜戒指、镜子等，以便日后与航行所到之地的人们进行交易。另外，船上还装了不少廉价的大桶酒。等桶内的酒喝完了，可以在中途补给的时候用酒桶装大量淡水。

在准备船只工作方面，哥伦布得到了朋友的帮助。当时帕洛斯港最有钱的船主马丁·平松，是哥伦布的好朋友。对于远航的计划，他们已经进行过多次深入的讨论和细致的筹划。而且此次出航，平松也会参加。

整个准备工作足足花了 3 个月之久才完成。除了由帕洛斯人提供的两艘船外，哥伦布还租用了一艘碰巧停靠在帕洛斯的

"加利西亚"号帆船，并将这条船作为自己的指挥旗舰。

当时，西班牙的船只都有两个名字。其中一个是正式名称，它的前面照例有个"圣"字；另一个是俗名，经常出现在海员们的口中。参加哥伦布首航的3艘船同样如此。

指挥旗舰的正式名称是"圣·玛利亚"号，它的俗名是"拉·加列加"号或者干脆就叫"加利西亚"号。它是3艘船中最大也是最好的一艘。"圣·玛利亚"号原来是一艘两层货船，载重量在100吨左右。它是三桅帆船，有前桅、主桅和后桅。前桅和主桅均悬挂大幅直角帆，后桅挂三角帆。此外，在船首斜桁上还挂有一张小的直角帆，主帆上方还挂有一张小的上桅帆。

帕洛斯人提供的是两艘帆船，一艘叫"平塔"号，正式名称已不可考。它比"圣·玛利亚"号小巧轻便，速度也快得多。另一艘叫"圣·克拉拉"号，俗名"尼尼亚"号。取这个俗名是因为它原来属于帕洛斯的尼尼亚家族所有。这艘船的载重量为50~60吨，有4支桅杆，后桅上多挂了一张三角帆，这使它逆风行驶时比另两艘船都快。

这3艘船都是木质结构，所有的部件以及连接用的钉子都是木头制成的，而且它们都用石头压舱。船身吃水线以上的外壳被涂上了鲜艳的油漆，吃水线下面也被涂上了油漆，这样做是为了避免贝类动物吸附在上面破坏船体。

每艘船的主桅上都挂着西班牙皇家旗帜，上面绘有两座卡斯蒂利亚城堡和两头狮子，船帆上画着十字架和纹章图案，在进出港口时每只船上还会挂起彩旗。

虽然3艘船上都没有配置士兵，但是为了防备海盗或者其他意外情况发生，还是装备了射石炮、鹰炮和步枪，大部分船员也都配备了全套的护身铠甲和头盔，手持的武器则是长矛和棍棒。

哥伦布是外乡人，若没有帕洛斯人的支持，尤其是平松家族的支持，他不可能在短期内筹集到这么多人力、物力，更不可能完成代价如此高昂的组织工作。

马丁·平松不仅帮助哥伦布顺利完成了西航的准备工作，而且带着自己的两个弟弟加入了远航的队列。

马丁·平松负责指挥“平塔”号，他的弟弟弗朗西斯科·平松担任该船领航员。

马丁·平松的另一个弟弟文森特·平松则负责指挥“尼尼亚”号，领航员是“尼尼亚”号的主人胡安·尼尼亚。

指挥旗舰“圣·玛利亚”号由船主胡安·拉科萨指挥，舵手是“尼尼亚”号主人胡安·尼尼亚的弟弟佩拉索伦·尼尼亚。

哥伦布则是整个船队的总指挥官。

所有的准备工作都已经做好了，这支代表着哥伦布梦想的船队就要起锚了。它们停靠在帕洛斯港口，像一支即将奔赴战场的队伍，安静地等待着起锚的命令，等待着即将到来的未知世界。

第三章

踏上梦想的征程

起锚出发

遭遇风波

海上漂泊

不安分的船员

终于登陆了

遭遇背叛

满载而归

起锚出发

1492 年 8 月 3 日清晨，无数人聚集在帕洛斯的港口，为即将远航的船队送行。他们凝视着这个不算大的船队，向这些勇于探险的人们投去钦佩的目光，同时也为他们祈祷，就像是为自己的家人祈祷一样，希望他们能够平安归来。

不一会儿，在清晨灿烂的阳光下，3 艘船的主桅杆上升起了宽大的皇家旗帜，隆重的起航仪式在乐队的伴奏中举行了。很快，船帆扯起来了，在清晨的微风中被吹得鼓起来，像是要一鼓作气出去闯荡一番。

此时，站在“圣·玛利亚”号船头上的哥伦布沉默了，双眼发红。他想到了自己从葡萄牙辗转来到西班牙的日子里所受的委屈、所经历的磨难……今日总算有了回报，他的愿望就要实现了。

一时间，似乎海面都平静了，所有的一切都凝固了，只见哥伦布右手用力一挥，发出命令：“起锚！”船队出发了！

根据长久以来积累的经验，哥伦布认为远航的第一个目标是向南航行到达加纳利群岛。这样可以避开此时北大西洋狂暴的顶头风。到达加纳利群岛后，船队就调转方向向西航行。

在哥伦布看来，加纳利群岛位于北纬 28 度，顺着这条纬线一路向西，就能找到神秘的安第利亚岛，继续向西则将到达同在北纬 28 度的西潘古。安第利亚岛可以作为前往西潘古的中间站。

按照哥伦布的计算，西潘古应该在距离加纳利群岛正西 2400 海里的位置。所以，沿着这条纬线向西航行即使错过了西潘古，最终也会到达中国海岸。

第一阶段的航程进行得非常顺利，海面上风平浪静，气候宜人，加上又是顺风，3 艘船张开船帆，铆足了劲儿一路向南驶去。

吹着暖洋洋的海风，看着蔚蓝的天空和湛蓝的大海，离别的愁绪一扫而光，虽然大部分人都是抱着不情愿的态度上船的，但是海上的航行仍使他们放松了心情。对于船员来说，没有什么比在这样的好天气里扬帆远航更好的了，船上一片和乐。

所有人当中，只有哥伦布清楚，这些平静与美好只是暂时的，这一路上将要遇到的苦难还都是未知数呢。他忧心忡忡。

第一，船只太简陋了。“平塔”号和“尼尼亚”号都是不足百吨的小帆船。它们的船头和船尾都建得高高的，虽然有望楼和船室，但没有甲板。“圣·玛利亚”号虽然有甲板，但也只是艘小帆船。用这样的小船，要在大西洋上乘风破浪是很困难的。而且，当时的航海技术又不太好……可以说，哥伦布是太冒险了，也可以说是在胡闹。再加上那未知的海洋向来就没有人了解过，也许它正如帕洛斯人所讲的，是一片“魔海”呢。

第二，人力太薄弱了。这3艘船上一共只有87人。而且，这些人里头，有相当一部分人有着迷信和恐惧心理，随时随地都有临阵脱逃之虞。

历史上多数航海探险家在和狂风怒涛搏斗时，总是有些忠贞可靠的部下为他们效劳拼命。但是，哥伦布连一个可靠的部下都没有。不但这样，而且随时都会有叛乱发生。他率领着这些部下，简直就像带领着一群猛兽一般。稍不注意，自己可能就会死无葬身之地。

但是，哥伦布并没有畏缩，凭他多年来的经验，他深信这次远航定能成功。哥伦布坚信自己具有指挥这些人完成远航探险的能力，同时，从心灵深处确信神万能的手会援助他。

与他同行的平松兄弟，半生都在和暴风怒涛搏斗着，都经历过无数次海难，算得上海上英雄了。马丁和弗朗西斯科在“平塔”号，文森特在“尼尼亚”号，哥伦布在“圣·玛利亚”号。3艘船勇敢地驶向那一望无际的、神秘莫测的大洋里去了。

哥伦布坚定地站在船头，把胳膊紧紧地抱在胸前，凝视着遥远的西方。那边的一朵白云正在缓缓上升，在那云的里面不知道隐藏着多么猛烈的暴风雨，在那云的下面不知道潜伏着多么可怕的危险。可是哥伦布一点也不畏惧，无论有多么可怕的危险在等待着他，他执着的信念是不会动摇的。

面对着这片安静的、一望无际的大海，他没有感到一丝一毫的畏惧，因为他的梦想已经起航了。还有什么比这更能让人幸福的呢？而且从开始踏上这条路的时候，他就已经做好了吃尽苦头的心理准备。对他来说，所有阻止他完成梦想的苦难都是微不足道的，他会用尽力气去解决任何难题。

遭遇风波

船队一帆风顺地向着加纳利群岛行驶。第三天，哥伦布接到了“平塔”号船舵损坏的信息，立刻皱起眉头来。由于船员们差不多都是强制征用的，所以一开始就有船员计划阻止开船或延期开船。“平塔”号虽然是由经验丰富的马丁·平松当船长，但他也没办法阻止部下们私下的捣乱行为。船舵的损坏，很可能是船员搞的鬼。

发现船舵损坏后，平松船长马上进行了紧急处理。他命船员用麻绳把舵绑住，可是不一会儿绳子就断了。况且，他一开始就知道这艘船不太适宜远洋航行。将此事报告给哥伦布之后，平松船长便想让“平塔”号在加纳利群岛绕行一段时间，以寻求可以替换它的船。

哥伦布有些担心，即使把“平塔”号修好了，船员们说不定又会动什么歪脑筋来阻挠探险工作。带着这些不愉快的想法，他还是继续带队航行，并打算修复“平塔”号。

哥伦布凭着他多年的航海经验，避开北大西洋上空狂暴的顶头风，借着一直不停的北风，向南航行。哥伦布决定让“平塔”号停泊在加纳利群岛最大的港口——拉斯·泊尔马斯岛，在那维修船身和船舵，让另两艘船继续行进。

“圣·玛利亚”号和“尼尼亚”号一同驶往加纳利群岛西边的戈梅拉岛。哥伦布带领船员上岛储备淡水，购买粮食。随后他回到拉斯·泊尔马斯岛考察“平塔”号的维修情况。待“平塔”后修理好，他立即指示该船驶抵戈梅拉岛，与“圣·玛利亚”号、“尼尼亚”号会合。

船队在戈梅拉岛会合时，“平塔”号换了新的舵，“尼尼亚”号换了新的帆。随后，船队继续向西航行。因为没有风，船队航行得很慢。随后，他们看见了裴洛斯岛。这是船员们进入大西洋之前能够看见的最后一块陆地了。裴洛斯岛距离船队越来越近，很快，船队就与裴洛斯岛擦身而过。然后，裴洛斯岛缓慢地从船队旁边向着东南方向逐渐隐退。

然而这时，海上原来的一点微风也停息了，船帆凹瘪，船只像蜗牛般蠕动着前行。一整天一整夜过去了，船队只行驶了很短一段路程，船帆不起任何作用。好像大洋上的最后一块陆地要把船员们留住一样，而他们也对它恋恋不舍。

直到第二天下午，天气才开始发生变化。黑云在裴洛斯岛上空聚集。黑沉沉的裴洛斯岛更显得轮廓分明。海面微波乍起，转瞬间一阵狂风夹着疾雨从天而降。船帆再次胀满，船头再次破浪向前，裴洛斯岛和阵雨被抛在了身后。

傍晚时分，裴洛斯岛的最后一点踪影才消失在东方。3 艘孤零零的帆船航行在烟波浩渺的大洋中。哥伦布亲自指挥："向正西前进，不要偏北，也不要偏南！"这时，海洋统帅双脚岔开，双手扶着栏杆，站在高高的艉楼上，凝视着前方。他的衣服被雨水淋透了，但他一点也没有离开那里的意思。他的脸上是从容而坚定的神态。

裴洛斯岛是他们向西航行所能知道的最后一个岛，由此再往西航行，就只有未知的大洋，那里从来没有人到达过，那里被怀有很深的迷信思想的船员们称为"魔海"。

在裴洛斯岛西方 450 海里附近，船员们发现了沉船的桅杆。在还没有看到这种光景时，船员们就已经胆战心惊了。看到这些，他们更以为自己已经到达"魔海"了。"圣·玛利亚"号上有些船员突然感到四肢无力，似乎面前一片黑暗。那些比较胆小的，趴在甲板上大声哭叫起来，也有的双膝跪在甲板上叩拜，祈求神的保佑。

"拿出勇气来，没有什么可怕的，我们的目的地是充满黄金和香料的国家。你们想想，那儿有无限的财富等着我们去接收与开发。而且如果能够成功回国，女王必定会褒奖我们，赐给我们巨额的赏金。"哥伦布此时只能不停地为船员们打气。

在哥伦布的鼓舞和黄金的诱惑之下，船员们终于渐渐安静了。他们转念一想，现在返航已经不可能了，哭爹喊娘也没用，只能镇定下来，坚持向前航行。

远航的生活非常艰苦。船员们的食物都是在甲板上烹调的。办法很简单，就是先在甲板上铺一层沙子，再将火箱放在沙子上面蒸煮，以免烧坏了甲板。食物也很简单，腌肉、面包干和豌豆是他们最主要的食物，所有人只有上了陆地才能改善伙食。

更糟糕的是，木桶里装的淡水有限，大家必须节约用水。而且这些水往往又会因为存放太久而变质，但是没有办法，所有的人只能喝变质了的淡水，这味道比海水也好不到哪儿去。

哥伦布有写日记的习惯，他记录航行过程中每天的风向、海上遇到的生物、航行里程等。如：

9月8日，星期六。夜间3时，西北风骤起，船队转舵西行。因风浪太大，影响船速。是日昼夜航行仅约9里格。

9月9日，星期日。白昼航行19里格，夜间航行30里格。

经历了种种事件之后，船员们似乎老实了不少，他们不再想方设法来折腾哥伦布，只想让他带领大家安全返回西班牙。

海上漂泊

在海上漂流的日子，晴空万里，连一片白云的影子都没有。风平浪静，是航海的好时光。可每天早晨的太阳从东方升起，越过船只到了西方，则变成了通红的夕阳，像是要被大海吸进去一样。每天都是这样，丝毫没有变化。

每天一睁眼，都是一望无际的大海，总会使人感觉犹如在虚无缥缈中前进，船员们的心也渐渐沉重起来。他们总想找到一些让他们有安全感的东西，最好这些东西能够让他们相信自己离陆地更近了。

一天一天过去了，船员们连陆地的影子都看不见，他们更加不安了。船员们议论纷纷：

“这里什么都没有，哪怕遇到暴风雨，也比现在这样强啊。”

“反正我们是来到这没有陆地可登的大海洋当中了，这里肯定离陆地很远。”

船员们惴惴不安，哥伦布也没办法。

然而令人兴奋的是，不久后，船员们居然发现船体周围漂浮着一些连根拔起的杂草。那些东西都是生在陆地上、岩石缝中或河中的，而且它们好像是最近才漂来的，因为那些杂草还是绿油油的。

让他们更为高兴的是，他们看到了来自陆地的白色鸟儿。

“看啊，那鸟儿是从陆地上飞来的呀。”

“而且，是翅膀极弱的鸟儿。这么看来，我们离陆地不会太远了。”

看到这些，船员们的脸上都露出了轻松的表情，精神也为之一振。

随着船队的前进，从西边飞过来的鸟儿的数目渐渐多了起来。而且，有的船员发现在北面冉冉上升的，好像是一座山。

大家都以为那是陆地，感到很高兴，但是一经分析，发现那不过是一片白云而已，所有人马上又垂头丧气起来。沉寂一阵之后，大家又陷入了烦躁和不安中。

哥伦布做了两种航程表，将自己认为正确的航程秘密记录在日记本中，而将比实际航程少的数字告诉船员们，以减少他们因航程过长而产生的恐慌。

可是这样做也无济于事。那些怀有深深的迷信思想的家伙们，时常在一起窃窃私语着：“这里一定是‘魔海’的大门。”时间一久，他们都有些神经质了。

一天，随着洋流漂来结成一团团的海藻，它们铺在海面上，看起来像泡在洪水中的大牧场一般。

“你看那边！那边因为海水很浅，所以浮在海面上的海藻很多。船要是触礁了，那可就整个都完啦！”船员们感到惊恐，只呆呆地看着浮在海面上的大片海藻。

看到这么多海藻，哥伦布以为到了古代大哲学家亚里士多德所著的书中说的“海藻之海”。

据说，在北纬20度到25度、西经40度到75度有一个有大片海藻的海域，只要船只被猛烈的东风吹进这个海域，就会被海藻缠住，不能再动弹，船员则会被烈日晒干，船体一直到腐烂为止都漂浮在那里。

如果船员们知道了这个传说，那他们一定会更害怕的。所以，哥伦布一点不露声色，并且把测铅投入海中，表明海是很深的，好使船员们安心。

在热带的炎日炙烤下，大气如火焰似的把人紧紧包裹住，使人喘不过气来。而且，此时这片海静得厉害，连一点儿风都没有，小的波浪也没有。船员们对这死一般的寂静害怕得不得了。

过了几天，好不容易才有微微的西风吹来。虽然这样，大家仍都提不起精神来，那风太微弱了，连船帆都吹不动。

船员们又在那儿议论纷纷：

“看呐！西风是这么弱。强烈的风向来是由东面吹来的。这样看来，一直向西走还算容易，一旦要回国的时候，西风什么时候才能把我们送回家呀。”

“对啦，被困在这死一般的寂静当中，想往西或往东走都不可能。看样子，我们会不会被这毒热的太阳晒死也未可知。”

“这里难道真是‘魔海’?”

本来就疑惑，这样一来，船员们就更加疑惑了。无论哥伦布怎么劝慰或鼓励他们，都无济于事。

在那些长无尽头的夜晚，负责守夜的海员在忧愁难眠的同时，也在不断地散布着谣言：

“永远看不到陆地了吗?”

“难道只能在无边无际的海洋中漂荡，直到被大海吞噬掉，一点痕迹都不留下吗?”

“我们的命运就这样悲惨吗?”

时间在流逝，他们依然看不到陆地。

9 月 23 日，低沉的气氛弥漫整个船队，甚至连哥伦布本人也产生了怀疑。

9 月 24 日，船队继续向西航行。

9 月 25 日，风平浪静，船队继续西行。哥伦布给平松送去他本人绘制的海图，这幅海图与托斯卡内利送给葡萄牙国王的基本一样。这天日落时分，平松在塔楼上向哥伦布兴奋地报告，他看见陆地了。

听了平松的报告，哥伦布异常兴奋，全体船员也非常兴奋。

有的船员还爬到桅杆上眺望，都宣布自己确实看见陆地了。船员们异常兴奋，纷纷跳下海去洗澡、捞鱼。胜利在望，他们要庆贺一番。

但当第二天船队航行了一段时间之后，他们发现所谓的陆地根本不存在。于是，他们又回到那种失望的情绪中继续航行了。

10 月 6 日，由于一直找不到陆地，平松建议哥伦布由向正西方向航行改为向西南方向航行。哥伦布拒绝了。因为这样一来，船队就偏离了航向，不但不能很快抵达大陆，而且找不到西潘古了。

10 月 8 日，船员们开始抱怨这种看不到希望的漫长航行，认为这种航行让人无法忍受。

随着航行的距离越来越远，海员们的担心也与日俱增。偶尔一个漂浮在海面上的船桅就会让很多船员开始胡思乱想，波澜壮阔的大洋带给他们的只有越来越强烈的恐惧，有的人甚至害怕得痛哭流涕。船员们每天都在向上帝祈祷，让他们早日看到陆地。

由海图上看来，陆地应该就快要被发现了。但哥伦布知道还需要再等待，再忍耐。可是，在没有看到陆地之前，船员们的情绪一天比一天坏。

无论如何，哥伦布决不会调转船头往回走。为了完成伟大的使命，哥伦布一定会顶住压力，克服各种困难，坚持到底。

那些部下要是爆发了，可是相当危险的，恐怕比狂风怒涛还要来得可怕，不知将会酿成什么样的悲剧呢。

在微弱的灯光下，哥伦布那充满男子汉气概的眸子陷入沉思中。但是，坚毅不屈的哥伦布，并不会因此而气馁，在达到目的之前他一步也不会后退。

不安分的船员

10 月 9 日晚上，船队航行在无边无际的大海上，四周一片安静。哥伦布的船队沿着他确定的路线在海上漂荡了好多天，船员们狂躁的情绪一触即发。

哥伦布知道船员们没有尝试过如此长久地待在海上，而且这一次他们还是被迫上船的，来到他们惧怕的“魔海”。这令哥伦布非常担心。他一个人在船楼里想着事情，正准备上甲板透透气。

这深夜的天空满布了美丽的星星，海面上发出青白色的光。黑夜里，隐约可以看到那些聚集在船头的船员们。他们聚集在那里，议论纷纷：

“那家伙根本就是个大投机家，他巧言令色地说服了女王，欺骗了那些官吏和学者，却把我们看成傻瓜。”一个像主谋者的男子，以一种重浊而沙哑的声音这样说。

“嗯！那个老乞丐就是想做一次古怪的大冒险来发财，而把我们的生命当作他的赌注。”另一个人瓮声瓮气地说。

“想出了这种疯了似的航海计划……那家伙实在是个地地道道的疯子！自古以来，人们就传说大西洋的西边是一片火海和冰海呢！他却把我们给拖到这个‘魔海’来，这怎么得了！我们又不是疯子，难道说，我们就这样老老实实地把生命交给那个神经病不成！”

“对，我们再也不能听从那家伙的命令了。看，这是一片多么恐怖的海啊！”这个人用手指着的海面上，果然是微波不扬，静得怕人，还弥漫着一片烟雾似的青白色的光芒。

“今天晚上还算好，没有半点风吹来，明天要是起了大风，船一直往西走，准会掉进这个可怕的‘魔海’里去。即使不至于那样，恐怕咱们这辈子再也回不了西班牙了。大家想想，从帕洛斯港出发的那一天，也成了我们和故乡的父母妻子生离死别的日子了！”

这时候，众人头顶上的白帆无力地低垂下来了，星光冷清清地照在海面上。弥漫着烟雾的海面上，像是不久就要出现一个巨大的怪物。于是，这些非常迷信的船员们没有一个不吓得浑身发抖。

“喂！我们可怎么办呢？”

“在没有掉进‘魔海’之前，我们回去吧！”

“可是，那个家伙怎么肯答应呢？我们已经好几次要求他把船开回去，他都不肯！”

“所以说，这次我们非要他答应不可！”

“可是，那个老顽固就是死，恐怕也不肯答应吧！”

“不管他那一套，干脆把他干掉算了。”

“要把他干掉？”有几个人听了这话，立刻露出惊惧的神色来。

“你们不赞成吗？”为首的一个海员以一种胁迫性的口气这样说，跟着就抽出腰边的短剑，虎视眈眈地望着另外几个人。

这个人不停地怂恿着大家，想让大伙跟他一样，起来反抗哥伦布，将他控制住。他说：“他只不过是一个胆小的流浪汉，靠着不切实际的想法拖着我们，让我们跟他一起来到这个鬼地方陪他一起死而已。与其大家服从那家伙的命令，掉进‘魔海’里死去，还不如先把那家伙扔进海里，来保全我们的性命！现在，就只有这两条路可走。诸位，没有迟疑的余地了，赶快决定吧！”

“可是，只有我们这些人回去的话，女王也许会重重地责罚我们。在航海中背叛船长的船员，回港后不是要被吊在桅杆顶上吗？”有船员这样说道。

“不，那没关系，我们只要向女王报告，说他为了观测天文，在船边调整仪器的时候，不幸掉到海里去了。我们继承了他的遗志，继续往西行驶。但是，我们怎样也看不到陆地，两条友船也不知去向，又遇上了可怕的火海，好不容易才逃了回来。这样的话，我们不但用不着担心被绞脑袋，说不定还会受到一番赞扬，得到一些酬金呢!”

“这还真是个不错的借口呢!”大家都随声附和着。

“对了，那家伙现在准是在呼呼大睡呢。我们趁他熟睡的时候……”

就在这个时候，阴暗的楼梯处传来一个声音：“等一下，大伙儿不用费事了，我早就在这儿等着呢。”

众人听到哥伦布的声音，顿时吓得面无血色。

虽然船员们在暗地里都对哥伦布有众多不满，但是其实他们中的大多数人还是非常敬佩哥伦布的。这些罪犯大都有过航海的经验，知道在海上航行没有两把刷子是不行的。这段时间跟哥伦布相处下来，他们发现哥伦布所知道的航海知识非常丰富且细致准确，总能在大家都茫然不知所措的时候给予有效的建议。虽然他看起来有些严谨，不太爱与船员交流，但是骨子里的那种真诚是怎么都掩盖不掉的。船员们也都感受到了。

正在大家惶惶然不知所措时，哥伦布走到了他们身边，对他们说：

“我并不是有意要偷听你们讲话，只是想上来看看航行的情况而已。我知道你们对于这段时间的航行抱有很大的怀疑。我也知道你们害怕我们即将要面对的新海域，对未知怀有深深的恐惧。

“既然今天大家都在，我也就把话说清楚了。我知道‘平塔’号的舵是谁干的好事，但是我不责怪你们，因为我们现在是一条绳子上的蚂蚱。只有团结起来，才能克服航行过程中的各种困难。

“这一次的航行我是抱着必定成功的信心进行的，我已经将我所有的赌注都押在上面了，所以请你们不要怀疑我对这一次航行的信念。这一次航行我也可以给你们保证，我会让你们安全返回，并让你们获得你们应该获得的荣誉和财富，你们的付出是不会白白浪费的。

“再者，我不是个吝惜自己生命的人。自打我要开始这次世人瞩目的航行，我就没有想过我自己的生命。我从很年轻的时候开始就计划着这次航行，从葡萄牙一路辗转来到西班牙，其中经历了贫困、病痛甚至长时间无望的等待，遇到过你们都无法想象的难题。幸运的是，最后我成功地获得了伟大的西班牙的支持。而现在我认准了一条航线，那就是向西航行，到达世界让我们去的地方。而在没有到达那个地方之前，我不可以死去，也不可以让你们任何一个人死去。

“我坚信，也请你们相信，陆地一定离这儿不太远了。你们既然已经忍耐到现在，为何要中途变卦、功亏一篑呢？自古以来，凡是要到出产黄金、香料和珠宝的印度、中国等国家去，都是一直往东走。可是，要从大西洋一直往西走的话，也可以到达东洋，到达那些满是黄金、香料和珠宝的国度，最后我们也一定能够带着无上的荣耀和我们想要的无穷无尽的财富回到西班牙，回到家人身边。

“你们历尽艰辛已经到了这里，要是半途而废，就此返航的话，之前的辛劳和努力岂不是全都变成泡影了？”

船员们听了他这番话，顿时没有了主意。

哥伦布意犹未尽，继续说道：“听了你们刚刚的议论，我仍然期待着你们的忠诚，希望你们不要辜负我的期待之情。你们只要再忍耐一段不长的时间就行了，你们之前不是看到海面上漂着一些海藻，天上飞着一些海鸟吗？这就证明我们已经接近陆地了。”

听到哥伦布这样说，船员们又抱怨起来：

“很多天以前我们就看到了海藻和海鸟，这么多天过去了，我们还是在这片该死的海上，看不到一点陆地的影子。”

“对，对，到现在还总是说什么海上有浮木漂来，快要接近陆地的话，我们一直被你哄骗到现在！”

船员中的几个人这样叫嚷着，其他人也跟着起哄。

“你们不是一直想要返航吗？那你们再给我三天时间，就三天。如果三天之后，还没有看到陆地的话，我们就结束这次航行。但我相信，三天之后，我们一定会看见陆地的，一定！”哥伦布斩钉截铁地说。

在漆黑的夜里，哥伦布坚毅的目光仿佛能穿透夜幕。他的这个承诺让船员们都大吃一惊。他们没有想到哥伦布会如此大胆地做出这样的承诺，而且他们都被哥伦布坚毅的眼神吓到了。他们终究是被哥伦布说服了。

就这样，哥伦布平息了这一次即将发生的叛乱。回到船舱后，哥伦布心里交织着无限的苦恼与痛楚。当然，他的生命早已被他置之度外。可是当他想到，三天之后要是不能发现陆地的话，几十年的努力都将付诸东流，这是多么让人绝望的事。此时的他跟刚才坚毅无比的他相比，完全判若两人，他也开始怀疑起自己来了。

第二天早上，平松得知头天晚上这条船上发生的事情，非常愤怒。他来到哥伦布的船上后，向哥伦布提议严惩昨天闹事的头目。哥伦布拒绝了平松的建议，安静地待在船头看着茫茫的大海。

平松只好安慰道："你看风已经刮起来了，而且又是顺风呢！我们一定能够找到陆地的。我们不是看到过陆地的影子吗？我相信朝着这个方向继续航行，就一定能够看到陆地。"

哥伦布听平松这么一说，紧锁的眉头渐渐舒展了些。他想：还是有人怀抱着希望的，还是有人愿意相信自己的，此时垂头丧气毫无益处，自己最终的目标是新大陆，哪管得了其他人的看法。哥伦布顿时振作了起来，他抬起头看看远方，再转过头看看船帆。

这时风也大了起来，吹得帆绳嘎吱作响，波浪滔天，船身开始摇晃起来。哥伦布决定加快航行速度，因为他想在船员真正闹事之前尽快找到陆地，于是对着船员们大声喊道："伙计们，把帆升得更高些，让风带着我们以最快的速度找到陆地吧！"

正在桅杆下等待命令的船员一听到哥伦布如此热情高涨的命令，弹跳似的站起来，回答道："是，上校！"然后将船帆拉得高高的。

就这样，哥伦布的船顺着风，载着为梦想重新树立信心的海员们，一路飞快地在海上航行着。

为了尽快在三天之内找到陆地，哥伦布决定放弃按照原来的路线航行的计划，停止向正西方向航行，而是接受了平松再一次向西南偏西方向航行的建议。

事实上，如果哥伦布继续沿着原有的航线向西方前进，他将直接抵达佛罗里达或南卡罗来纳州的海岸，那他就能真正地发现美洲大陆了。

改变航向后的第二天，信风越来越强劲，船速不断提高。同时，海面上出现了越来越多的陆地植物。充斥于整个船队的消极情绪被这些新出现的东西一扫而光，这也让船员们完全信服了他们的指挥官哥伦布。

10 月 11 日傍晚，东北信风变成了风暴，海浪比这次航行中任何时候都要大。哥伦布命令船队全速前进。所有人都陷入了一种既紧张又兴奋的情绪之中，似乎有什么重要的事情就要发生了。

对哥伦布和他的船员们来说，这注定是个不眠之夜。晚上 10 点的时候，哥伦布和个别船员似乎看到了移动的光亮，但是大多数人都没有发现。哥伦布以为那些光亮是自己的幻觉。

船队继续快速前进，“平塔”号冲在了队伍的最前面。

1492 年 10 月 12 日凌晨两点钟，“平塔”号上的一个值班船员发现了远处灰白色悬崖一样的东西，在月色下时隐时现。他大声喊道：“陆地！陆地！”

这一次确实不再是幻觉了。在确认了发现陆地的事实后，平松命令船员将船速降低，并向其他船只示意。

哥伦布所在的“圣·玛利亚”号闻讯后迅速靠了上来。哥伦布已经压抑不住内心的喜悦了，站在船上兴奋地喊道：“平松，您找到陆地了！”

此时天色依然昏暗，虽说已经接近陆地，但岸边布满珊瑚礁，哥伦布不敢贸然靠拢。3 艘船时走时停，耐心等待天亮。这时厨师罗德里戈熬了一锅鱼汤，见习船员扛来一桶马拉加酒，让大家暖暖身子。见到陆地的兴奋使船员们觉得今天的鱼汤特别鲜美。

夜色逐渐消退，即使在晨雾的笼罩中，他们也能清晰地看见长长的海岸线了。

船队来到陆地的背风面，然后绕道西行，靠近一个河湾才安全抛锚。人们看见长满灌木的高耸的悬崖、河流入海口处宽阔的沙滩。

哥伦布的船队从西班牙的帕洛斯港出发，在历经整整 10 个星期的海上航行之后，终于到达了加勒比海。

终于登陆了

1492 年 10 月 12 日清晨，哥伦布一行开始登陆。哥伦布乘坐飘扬着西班牙皇家旗帜的武装小艇上岸了。平松和他的弟弟们也各自乘坐小艇上了岸。其他船员紧紧跟随在他们身后都陆续登陆了。

登上陆地后，哥伦布带着船员们举行了特别隆重的登陆仪式。这里的空气特别清新，使人心旷神怡，船员们个个激动而兴奋。哥伦布穿上出发前准备好的石榴红统帅服装，双手高举西班牙皇家旗帜。随后，哥伦布双膝跪地，亲吻海滩上的砂石和泥土，满含热泪地感谢上帝保佑他们平安到达。全体随行人员也仿效他的做法——跪下亲吻土地。他们心中充满着感激之情。在灿烂的阳光的照射下，白色的沙滩上反射出令人目眩的光芒。

接着，哥伦布一行举行了占领仪式。哥伦布叫来船队的王室公证人为他作证。哥伦布摘下帽子，左手执着西班牙皇家旗帜，右手举起宝剑庄严宣布："我，哥伦布，在众人面前正式声明，以西班牙国王斐迪南和女王伊莎贝拉的名义，占领了这座岛屿。"

哥伦布把这座岛屿命名为"圣萨尔瓦多"，意思是"神圣的救世主"，以感谢上帝赐给他们的恩典。

圣萨尔瓦多岛地势平坦，没有山，岛的中央有一个很大的淡水湖。岛上灌木遍地，各种水果挂满枝头，是一块富足之地。哥伦布查看过他的海图后，认定这是西潘古北面列岛中的一个岛。他坚信，如果继续往前航行，用不了多久他们就能到达西潘古半岛。

此时，展现在西班牙人面前的是一个地势平缓、长约十几英里的岛屿。岸上林木茂密，土地未经垦殖，但显然有人居住。

不久，船员们便看见了岛上赤身裸体的人群。这些人看到他们从未见过的船和这些与他们完全不同的海外来客，一开始有些害怕，躲在树林中窥视，畏缩不前。但由于好奇心的驱使，他们开始慢慢地向西班牙人靠拢，静静地观察西班牙人的长相和举止。

哥伦布对土著人友善、温和的举止感到满意，对他们也是彬彬有礼。西班牙人对这些土著居民产生了极大的好奇心，这些人和他们以前见过的任何人种都大相径庭。

这些土著人前额高大，眼睛明亮，中等个头，肌肉发达。

他们全身赤裸，身上涂着各种颜料，有的人只涂在鼻子上或者眼睛周围，有的则涂遍全身，给人一种野性的神秘感。他们发亮的棕色皮肤好像紫铜，脸上没有一点胡须，头发粗而直，有的剪得很短，有的则将长头发披到肩上。他们的面容虽然被颜料所遮盖，却给人以愉悦之感。

哥伦布看着这些从没见过的面孔，认为自己已经到了“印度”，就把这些土著居民叫作“印度人”。由此开始，欧洲人把美洲所有本地人都叫作“印度人”，即印第安人。这就是“印第安人”名称的由来。

哥伦布到达美洲的时候，这些土著人都还处于未开化的状态，以最原始的状态生活着。他们主要种植玉米和薯类。他们还能烧制陶器，纺织棉布。他们的住所是用棕榈叶盖顶的木质小屋，出行时乘坐的船都是用整根木头凿出来的。

这些土著人没有金属武器，甚至不知道金属制品的存在，他们完全停留在使用兽骨和石头为切割工具的阶段。

哥伦布在他的日记中写道：“他们不携带武器，也不知武器为何物，因为当我拿出利剑供他们观看时，他们居然无知地用手去握刀刃，以致受伤。他们尚无铁器，所谓的投枪只是一些普通棍棒，也有某些投枪在棍棒的顶端绑上鱼的牙齿和其他类似的东西充作枪尖。”

除了几乎赤身裸体，哥伦布几乎说不出岛上的居民还有什么不足，他们自然淳朴，天性善良。哥伦布曾在日记中这样描述道："他们会邀请你分享他们的一切，真诚地向你表达他们的好意，仿佛要把他们的心交给你。"哥伦布觉得这些土著人是正直无私、慷慨高尚的人。

在岛上，哥伦布当初准备的小玩意充分发挥了它们的作用。这些不值钱的玻璃珠子、小铃铛在这里显得异常珍贵。土著人兴奋地带来了他们认为贵重的东西，和船队换取些小商品。善良的他们把这些来自西班牙的探险者当作了高贵的客人。

哥伦布在组建团队的时候带上了一名翻译，但那个懂得十几种语言的翻译在这里毫无用武之地，他和土著人也只能用手势进行交流。于是，哥伦布临时决定在返航的时候带回去几个土著人，让他们学会欧洲的语言，下次再来这里的时候就让他们当翻译。

然而不久之后，土著人的善良被包括哥伦布在内的西班牙人理解成易于驯服。哥伦布等人天真地认为将土著人转变为基督徒是一件非常容易的事情。哥伦布在日记里写道："只要有 50 个人就完全可以征服全岛，并随心所欲地统治它。"

甚至有一些返航的船员带给欧洲人这样的认识：那里就是天堂，白人到了那里无需干任何体力活，因为上帝给他们提供了无数顺从的免费劳动力。

哥伦布他们没有忘记黄金和香料的事。上岛的第二天，他们就开始寻找岛上存在黄金或者香料的可能性。令他们失望的是，这里并不出产黄金，也不生产香料。他们能看到的黄金，仅仅是土著人鼻子上的环。

对哥伦布而言，摆在他面前的问题显得非常棘手，仅仅发现几个新的岛屿和黄金时代的遗民，肯定不能让西班牙王室满意，只有真正的黄金和香料才能证明他的成功。

哥伦布看着手中的地图，相信自己已经到达了亚洲的东岸，找到了通向印度的最短的航路。但是此刻，他不能在这里继续浪费时间了，他必须尽快起程，找到西潘古或者中国。

10 月 14 日晚，在岛上待了两天的哥伦布决定去寻找黄金岛。当哥伦布向南航行时，为了方便寻找附近的岛屿，他带上了 7 个土著人作为向导。

第二天，他们很顺利地就见到了另外一个岛屿。哥伦布将它命名为“圣·玛利亚·德·拉·康谢普申岛”，意思是“沉思的圣·玛利亚”。在这座岛上，哥伦布再次询问土著人是否知道黄金的下落。答案依然令人沮丧。

他们便继续寻找，可是查看了一个个岛屿，还是没有黄金的踪迹。

不过，船队还是有了一些收获。他们看到很多土著人喜欢携带一种干枯的叶子，需要的时候就把叶子按照个人的喜好卷起来点燃，放在嘴边，然后非常享受地吸进叶子燃烧的烟。很多土著人都拿着这些叶子来向他们换取小物品。这些叶子其实就是现在的烟叶。

10 月 16 日，船队从康谢普申岛出发，航行了 22 海里，到达了长岛。为了感谢西班牙国王，哥伦布把它命名为“斐迪南岛”。他沿该岛 60 海里的海岸转悠了 3 天，在北部和南部几处有土著人居住的地方上了岸。

这附近岛屿众多，而且非常相似：白色的沙滩，浪花拍岸，山谷中长满棕榈树和芳香的灌木。据当地的土人说，这里叫得出名字的岛就有 100 多个。这一连串的岛屿是巴哈马浅滩的组成部分，哥伦布将它们命名为“阿里纳群岛”。

哥伦布在日记中盛赞这些岛屿是“世界上最好的、最肥沃的、气候最温和而又美丽”的地方。这里鸟的种类极多，而且与西班牙的鸟大不相同，“鸣啭极其动听”。这里有上千种草木，木质珍贵，而且每一种都有独特的果实。花草散发出馥郁的芬芳，沁人心脾。唯独动物种类较少，但有大量鳄鱼和各种各样的蜥蜴。

10 月 19 日，哥伦布穿过很深的克鲁克德岛海峡，来到了克鲁克德岛。短暂的休息之后，船队继续向前行进。

10 月 28 日，哥伦布到达了古巴北岸，在一个河汊附近抛了锚。此处风景极佳，尤其重要的是没有暗礁。这就是现属古巴奥连特省的巴希亚 · 巴里亚港。

可是这里的土著人非常贫穷，几乎一无所有。他们害怕来自西班牙的陌生人，但不久之后，他们逐渐克服了对陌生人的恐惧，纷纷驾着独木舟用他们纺织的棉线和其他物品前来做交易。但哥伦布对这些东西毫无兴趣。后来经过向导和翻译的共同努力，哥伦布才知道这个岛不过是一个有50来间草屋、几百个居民的村落，首领不过是一个土著酋长。

他们从土著向导的口中得知，在这座岛屿的内地，有一个盛产黄金的地区，当地人称为“古巴纳罕”，意思就是古巴的中部。但是，在哥伦布的理解下，那里成为了中国皇帝的宫殿所在地。

哥伦布专门派遣了一个使团，在向导的带领下前往觐见“中国皇帝”。然而，让使节团的成员大跌眼镜的是，他们看到的只是一个稍具规模的土著村庄。

尽管酋长和部落成员极为热情地招待了这些使节，但是这里仍然不是哥伦布所认为的中国，更不是哥伦布想要停留的地方。

在使节团前往古巴纳罕的日子里，哥伦布在夜晚认真地进行了天体测量，以确定自己的正确位置。测量的结果让哥伦布懊恼不已，船队目前在北纬42度附近，距离当初设定的北纬28度相差很远。

虽然哥伦布的测量有些问题，但是测量的结果还是告诉他，船队找错了地方。尽管如此，哥伦布依据他计算的航程，依然坚信自己已经来到了亚洲的边缘。

来到岛上已经一个多月了，可是哥伦布和他的船队却没有找到他们梦寐以求的东西——黄金和香料。

为了找到黄金和香料，哥伦布想尽了办法。他先是带船员们到各处寻找植物。许多与亚洲香料外观近似的植物都被他们收集了起来。但是仅仅收集了这些还远远不够，富饶东方的黄金在哪里？

这天正在为接下来的航向犹豫不决的哥伦布心神不定，开始学着土著人抽烟叶。他一边抽烟叶，一边等待外出寻找黄金和香料的船员们归来。虽然一开始他不是非常喜欢抽烟叶，可是土著人的这种习惯还是影响了他。他在闲暇时或者有心事时，常常会吸上两口，渐渐地，他也喜欢上了烟叶的味道，甚至还

决定将它带回西班牙。

抽着烟叶的哥伦布并没有等来船队带回的好消息。外出归来的船员们告诉他，这一带还是找不到黄金和香料的任何蛛丝马迹。不过外出的他们带回了一个土著人。

哥伦布看了看身边的这个土著人，便让翻译与他交流，希望能获得一些有用信息。他们用哥伦布听不懂的语言叽里呱啦地说着话，不一会儿翻译脸上露出非常高兴的表情。哥伦布知道这应该是有好消息了，他迫不及待地想要知道土著人说了些什么。

遭遇背叛

原来这个土著人说，从这儿到东方有一个岛，那里的海岸上有许多黄金。不过他不知道那个岛的具体位置。大家一听，再度燃起了希望之火，决定去找那个岛。

沿着海岸航行了三天，路过一个岬角，哥伦布把那儿命名为“古巴岬”。船队由古巴岬驶向大海的时候遇到了强烈的暴风，被吹了回来。在不得已的情况下，哥伦布一行只好先折回古巴岛的海湾，等待风平浪静后再出发。可是，“平塔”号趁着黑夜，无声无息地开走了。

“平塔”号的船长马丁·平松是一个勇敢而富有航海经验的航海家。他财力雄厚，声望也高，这一次的航行，他出了不少钱和力。不过，他也是一个野心勃勃的人，他希望享有和哥伦布同等的权力和荣誉，他不愿事事听命于哥伦布。虽然他是哥伦布的朋友，可是他与哥伦布在漫长的航行过程中还是会产生矛盾，如立场不同或者方案不同。通常在这种时候，都因为哥伦布是大统帅，平松不得不听从他的决定。可是平松并没有从内心深处真正服从哥伦布。

这一天，当土著人告诉大家附近有一个可以淘到黄金的地方时，平松心里已经开始不平静了，他想要比哥伦布更早找到这个地方。他想自己单独去探险，自己一个人独占发现黄金岛的名誉和利益，然后在哥伦布之前赶回西班牙去，把所有的发现报告给双王，以获得王室的奖赏，并被王室重用。于是，他趁着哥伦布熟睡的时候驾着自己的船出发了。

等到第二天一大早，哥伦布才发现平松的“平塔”号不见了。照理来说，哥伦布应该非常生气，他与平松是朋友，是兄弟，而且他们在茫茫海上同甘共苦了这么久，平松不应该如此自私的。可是哥伦布经历了这么多苦难，终于来到了梦想中的地方，他要做的事情并不是和谁去争抢名誉，而是做好自己分内的事情。

哥伦布没有去追赶“平塔”号，而是带着“圣·玛利亚”号和“尼尼亚”号一路前行，一直航行到了古巴最东部，在一个海湾停靠了下来。这个海湾依山傍水，风景秀美，且地势险要。

由于天气原因，哥伦布的船队在这里停靠了一个星期的时间。期间，哥伦布和他的船员分乘小船，四处考察海湾周边的情况。

这个地方就是现在的海地岛。岛屿为热带植物所掩蔽，翠绿之色有点儿耀眼，空气非常清新，就是很远的地方也能看得一清二楚。这里的山比其他岛上的山都要高，高耸在绿色密林之上。密林里面是一片广袤的草原，天然地成为一大片肥沃的耕田。一到晚上，在那田地和密林当中，闪耀着无数火把的光亮。由此，就可以知道这个岛上的居民非常多。

12 月 6 日黄昏，哥伦布把船开进了这座岛屿西海岸的海湾，并且将其命名为“圣・尼哥拉斯湾”。

这儿的土著人看见他们的船，都吓得逃进了密林里面。因此，哥伦布又指挥船向北海岸前进，转入另一个海湾，并给其取名为“康瑟普辛湾”。在这个海湾，他们听到了类似夜莺的美妙歌声。这里的风景很美丽，和西班牙的乡村极为相似。船员们看到此情此景，立刻想起了故乡，于是哥伦布把这里叫作“伊斯帕尼奥拉岛”。

一天，哥伦布带着几个船员来到了一个稍远的土著村庄附近。刚一上岸，船员们就四散开进行考察，只留下哥伦布和几个船员，以及向导坐在小船上。

突然，一群土著人出现在他们的周围，甚至有一个土著人跳上了哥伦布的船，一边手舞足蹈，一边不停地说着他根本就听不懂的语言。哥伦布以为这些土著人又是来欢迎他的，这让他觉得非常高兴。但是向导惊恐的表情和慌乱的手势终止了哥伦布的笑容，他瞬间就明白了自己的真实处境。

情急之下，哥伦布抽出了自己的长剑，也学着土著人那样胡乱挥舞了起来。奇怪的事情发生了，或许是哥伦布的姿势恰好表达了某种特定的含义，或者是长剑上反射的光芒吓坏了土著人。土著人怪叫着四散逃开了。

哥伦布船上的 3 个船员追了上去，结果捉到一名少女，把她带回船上。全体船员都好奇地围住这名少女，可是哥伦布最后命令大家把她放回去。第二天，那名被放回去的少女由几个土著人抬着来到哥伦布面前表示感谢。原来这名少女是当地一位酋长的女儿。

就这样，西班牙人的“善良”在土著人中迅速传播开来。甚至在船队航行途中停泊的地方，也开始有土著酋长主动到船上去会见哥伦布。哥伦布觉得酋长们非常和善，于是留他们在船上吃饭。

在这里，哥伦布欣喜万分，因为他看到这些印第安人都戴着黄金饰品。第二天他就通过交换的方式得到了一些黄金饰品。当地人告诉他，这些黄金并不是本地出产的，而是在离此地不远的一些岛屿上得到的，那些岛屿上有很多黄金。当地人把金砂采集起来，经过筛选、熔炼制成金条和饰品。他们甚至还说其中一座岛屿就是完全由黄金构成的。

哥伦布听了，异常兴奋，他认为这就是传说中的黄金岛，哥伦布决定第二天就去寻找这座黄金岛。

但是命运总是喜欢捉弄人，它往往会在你最高兴的时候给你泼一盆冷水。哥伦布的船队是顶着逆风出发的，几海里的路程，走了一整天也没有到达目的地。

夜里11点的时候，海面终于平静下来，可是船上的人都非常疲倦。哥伦布也两天两夜没有合眼，这时也要回舱睡觉去了。

他把舵交给一个年轻的船员，并嘱咐他："你今天晚上一定要好好掌舵，不要偷懒。这片海域对我们来说非常陌生，虽然看着非常平静，但是也要千万小心。"说完后，哥伦布就和其他值班人员一道休息去了。

年轻的船员看到船长给了他如此重要的任务，非常高兴，虽然他也有些累了，但是他还是很坚定地回答："遵命，船长，我一定会好好看着的!"

第二天凌晨，一股暗流把"圣·玛利亚"号推向了一座倾斜的珊瑚礁。可其他人都睡着了，谁也没有察觉到。只有这位年轻的船员感到不妙，他努力扳舵，设法调转船身，可是没有成功。他大声喊叫起来，其他船员听到喊叫声，都跳了起来。他们睡眼惺忪，不知如何是好。

这时，被吵醒了的哥伦布到甲板上一看，就感觉到了事态的严重性。此时，与其他惊慌失措的船员相比，哥伦布表现出了老船员的成熟和干练，他让使者去找当地的酋长帮忙，然后冷静地指挥着船上的人："大家听着，现在不要惊慌，先准备小艇，再将锚放到小艇上，试着让小艇拉大船，看能不能把大船拉出浅滩。"

大家都按照哥伦布的指示放下小艇，开始拉大船。这时“尼尼亚”号上的部分海员也来帮忙了，可是由于船已经牢牢地搁在暗礁上了，船底此时被突出的暗礁撞破，海水直往船舱里灌。很不凑巧的是，此时海上起了海浪，海浪不时地拍打着海面，冲击着受伤的“圣·玛利亚”号，船身倾斜得更加厉害了，随时都有可能翻船。

此时，哥伦布知道挽救已经来不及了，于是赶紧组织人员撤离。他安排船员将船上能够撤离的日常生活用品搬运到“尼尼亚”号上，然后让船员放弃“圣·玛利亚”号，到“尼尼亚”号上避难。

天刚一亮，酋长派出的救援人员就到了。可还是太晚了，除了搬出船上的一些物资，“圣·玛利亚”号只能永久地留在那里了。

就剩下一艘船了，哥伦布觉得是时候返回西班牙了，他要向国王汇报这里的一切。他相信自己已经找到了“印度”，虽然还没有找到它的核心区域，但他相信他肯定离中心地区不远了。而且，凭借船队用小物品和土著人交易得到的黄金，足以证明他的伟大发现。

1493年新年的第二天，酋长为哥伦布举行了隆重的告别宴会，人们互相拥抱告别。哥伦布决定，如果在返航途中能够找到“平塔”号就一同回去，如果找不到它，就乘坐“尼尼亚”号回去。

可是，回航时哥伦布才发现挤在“尼尼亚”号上的人太多了，一条船根本不可能带上所有人一起返航。面对这一情况，哥伦布直犯头疼。

思来想去，哥伦布决定留一部分人在岛上，让他们在这里建立根据地。而这一想法也得到了酋长的认可。酋长认为这些天外来客的到来让他们长了不少见识，他希望这些人能够留在这里，促进他们的发展。

出于对黄金的贪婪，加上哥伦布的号召，船员们一个个争先恐后地要求留下。最终，有 39 个人自愿留了下来。哥伦布让他们在岛上夯实地基，修筑营房，建立堡垒。哥伦布还给这 39 个人留下各种小物品，以方便他们与土著人做买卖。

哥伦布决定返回西班牙向双王报告此次航行的收获。他相信一年后当他回到这里时，留下的这些人通过与印第安人的贸易一定会赚得一桶一桶的黄金，他们还有可能发现金矿，保证有源源不断的黄金供应。

哥伦布在致国王的信中写道：“我向陛下保证，这项事业中取得的所有利润都将贡献给您。”

不久，为了定居而建造的营房竣工了，哥伦布把这里命名为“纳维达德”，即圣诞城。这是欧洲人在美洲建造的第一个定居点，哥伦布给这 39 人留下了大部分的食物、几乎所有的货物以及足够防身用的武器。他们将在这里考察这一地区的情况，以找到一个可以建立永久定居点的地方。当然，他们更重要的任务是收购黄金。

1493 年 1 月 4 日清晨，哥伦布一行登上了“尼尼亚”号。航行第三天，一个爬上桅杆的船员报告说他看到“平塔”号正从远处乘着东风驶来。哥伦布听到这一消息时不动一点声色，他料定平松迟早会露面的。

两人会面时，发生了激烈的语言冲突。哥伦布指责平松擅自离队。平松只是很平静地解释说，他是为了探索黄金的下落才离开的，打算探听到消息之后再向海洋统帅报告。哥伦布问他有什么消息，平松回答说他连一粒金屑也没有见到。哥伦布没有对平松采取严厉的惩罚措施，因为平松身后还有一伙支持者。

实际上，平松在擅自行动期间，确实没有找到所谓的黄金岛。然而在其他岛上，平松用交换实物的办法弄到了一定数量的黄金——“有的金条有两根指头那般粗大，还有的和拳头一般大”，并与他的船员平分了这些金子。平松本人还深入岛内，见到一个叫考纳波的势力很大的酋长，那个酋长也给了他很多黄金。考纳波管辖的地区是西波的一部分。该地当时以及后来都是出产黄金的地方。平松此次回来，只是想确定哥伦布一行是否找到黄金岛而已。

两船会合以后，哥伦布面临新的选择：是留下来继续寻找黄金，还是直接驶回西班牙？经过再三权衡，他决定先回西班牙。原因有两点：

首先，他虽然未能找到中国和西潘古，但他坚信那是很快可以做到的事情，另外此行虽然没有弄到大量黄金，但他的发现无疑具有很高的价值，他希望尽快回去向斐迪南和伊莎贝拉禀报功绩。

其次，他对平松及其同伙丧失了信任，他担心在此停留时间越长，招来的麻烦越多。

他们在一个海湾停留了几天，对船只进行了保养维修，又从河流中补充了淡水。哥伦布发现这里的河沙十分沉重，盛水的桶里似乎有金砂在闪烁。他想将来一定要返回这里淘金。随后，他就下令返回西班牙。

一路上，他不断给沿岸起伏的山体取名。他有一张圣人名单，他从中找出一些名字来命名他发现的这些地方。

经过长距离的航行和猛烈的风暴的袭击，“尼尼亚”号风帆破烂，桅杆断裂，他们必须对船进行经常性修补。更严重的是，“尼尼亚”号腹部长期被海水侵蚀，船体渗水，难以完全修复，沉船的危险随时都有可能发生。可是哥伦布知道他们得坚持住，这艘船必须跟他们一起回到西班牙。

返航的第一个礼拜一切都很顺利，在西风的陪伴下，船队的行进速度非常快。但西风很快就停息了，迎面而来的东风让船队前进非常困难。船队就在西风和东风的交替中不断前进，直到遇到冬季风暴。

2 月 12 日，对于两条船上的所有人来说都难以忘怀，狂暴的巨浪迎面而来，木质帆船就像玩具一样被它随意地抛起又摔下。第二天，风暴逐渐平息了，可“尼尼亚”号的桅杆和风帆几乎全都报废了。而在这一次猛烈的风暴中，“平塔”号又失去了踪影。

在经历了惊心动魄的三天后，“尼尼亚”号上的人发现了前方的陆地。在逆风的影响下，又是三天之后，“尼尼亚”号借着风力顺势驶入葡萄牙圣玛利亚岛最南端的亚速尔港，抛了锚。

主桅杆上升起了石榴红色的西班牙旗，飘扬的旗帜显得非常神气。但是船员们却打不起精神来，他们一直与风浪搏斗，个个都精疲力竭。

哥伦布尤其疲倦。在狂风巨浪中，他一直站在船楼上，指挥船只航行。他的双眼布满血丝，双腿酸疼，勉强支撑着身体。他派出一批人上岸与葡萄牙人联络，让葡萄牙人帮帮他们。他们现在唯一需要的是安静地休息，但这块土地上等待他们的却不是这些。

哥伦布了解到，在船只抛锚的附近，有一个敬奉圣母玛利亚的小教堂。他派遣一半船员去教堂做祷告。岛上的葡萄牙人目瞪口呆地看着这批人进入那间小教堂。

这时岛上的一伙人有的骑马，有的步行，突然奔来，把教堂里所有西班牙人抓了起来，随即投入监狱。然后，一队全副武装的人员来到船边。哥伦布大发雷霆，不准他们上船，并威胁说要攻击该岛。

这种紧张的局面维持了几天。后来还是当地一位神父出面调停，才缓解了局势。原来并不是葡萄牙国王下达了捉拿哥伦布的命令，只是岛上的葡萄牙人不清楚哥伦布的身份，不知道他来此地的目的，起了戒备心而已。

这位神父说服了岛上的卫戍司令，使他相信哥伦布确实是西班牙王室任命的海洋统帅，此行是从“印度”远征回来。这样，他们释放了被监禁的船员，还给哥伦布的船补给了淡水和新鲜食物。

2 月 24 日，“尼尼亚”号又重新起航了，回家的路已经不远了。然而，哥伦布和他的船员们实在不怎么走运，这回他们又一头扎进了冬季寒流和海洋暖流相撞造成的风暴中。这一次风暴来得十分突然，船上所有的帆全部被刮破了，他们只好听天由命。只有光溜溜的桅杆的船整整五天五夜向东北方向漂去。

到第六天，他们终于又看见了陆地。据哥伦布计算，此地应是葡萄牙里斯本的北面。哥伦布非常不愿意将船停靠在葡萄牙海岸，但是就所有人员的安全来说，不靠岸也是非常不明智的决定。

哥伦布用他那双训练有素的眼睛目测“尼尼亚”号的动向。他一边计算着船速，一边观察着河口波浪的冲击，不断地命令舵手调整舵柄的位置，防止航船偏离方向。

在风浪的咆哮声中，他只有拉开嗓门呼喊着才能传达出他的命令。他镇定自若的神态中又带着几分激动，接受大自然的挑战最能显示他的智慧和能力。他抹去自己那双炽热发红的眼睛上的雨水，目光紧盯着前方。

此刻是性命攸关、分秒必争的时候，他已经听见波浪撞击海岸发出的哗哗声。船上的人似乎感到海岸向他们迎面扑过来。这是决定全船人命运的时刻，不能容许一丝一毫的差错。暴风雨中不时传来海洋统帅坚定洪亮的命令声。

船身受到海浪的拦腰打击，似乎发出一阵呻吟后，整个船身倾侧了一下，海水紧贴着舷缘滑过。船员惊叫起来，船身似乎要完全倾覆了，但它还是挺住了。

一阵巨浪把船身抬起后，把它投入了河口。在波涛声中，哥伦布听到船员们的欢呼声。“尼尼亚”号脱险了。“尼尼亚”号抓紧时机趁着浪潮沿河上行，到达拉斯特洛港后抛了锚。

到了这里，他们才打听到，由于这一场此地有史以来最严重的暴风雨，许多船只被封闭在港里已有 4 个月之久了。哥伦布在他的日记中写道：“那年冬天，单是在佛兰德海岸就有 25 艘船沉没。”

伤痕累累的轻帆船从“印度”胜利返航的消息迅速传播开来。哥伦布鉴于他们在亚速尔的遭遇，采取了紧急的安全措施。

在遭受了连续的暴风袭击之后，大修船只成为摆在哥伦布眼前的当务之急。“尼尼亚”号只能进入葡萄牙港口，人员休整，船只大修。

哥伦布非常不愿意停留在葡萄牙里斯本的港口，但是当时他别无选择。他考虑到目前船只的受损状况，立刻派出一名信使上岸，给葡萄牙国王送去了一封求见信。他在信中说明了他目前所处的困境，请求国王允许他的船沿河上行前往里斯本。

葡萄牙国王得知哥伦布远航归来，有一些后悔自己当初草率地放弃西航计划的决定。此时，他想要见见哥伦布，听他讲讲航海遭遇。哥伦布接到邀请后知道葡萄牙国王醉翁之意不在酒，但是现在自己的处境不佳，只能硬着头皮接受他的邀请。

席间，哥伦布向葡萄牙国王展示了他带回来的印第安人，但是哥伦布并没有透露新航线上的任何实质性消息。葡萄牙国王见计划没有得逞，也只好放弃，让哥伦布回到西班牙，他自己则暗地里懊悔不已。

与此同时，哥伦布也迅速写好了给西班牙双王的书信，简练地报告了此次远航的结果，并且在书信的末尾详细解释了自己只能先抵达葡萄牙的原因。

3 月 13 日，整修完毕的“尼尼亚”号离开了里斯本，下一站就是西班牙了。在航行途中，哥伦布的船员发现了远远跟随在他们身后的“平塔”号。哥伦布早就猜到平松想要抢夺自己的功劳，赶在自己前面将远航成功的消息报告给双王。

事实也的确如此，出于对权力和黄金的贪婪，平松早已不再把哥伦布当成自己的好朋友、好兄弟了。

一来到西班牙的土地，平松就急不可耐地派人上岸将他返航的消息上报给了双王。但是令他没有想到的是，国王只允许哥伦布本人亲自前去汇报，平松只好带着“平塔”号灰溜溜地返回了帕洛斯。

更让平松没有想到的是，在返回帕洛斯的途中，他发现“尼尼亚”号就在前面，吓坏了。他原以为哥伦布的破船早在风暴中沉没了，却没想到哥伦布比自己更早地回来了。

长期艰苦的航行，兄弟的反目，国王的忽视以及内心的恐惧，将平松彻底击倒了，一个月后他就去世了。

而远航归来的哥伦布即将成为英雄，他的名字即将载入史册，被所有人谈论。在经历了 7 个多月的远洋探险，历尽艰难险阻之后，哥伦布终于回来了，终于带着新大陆、新航线的消息回来了。

满载而归

3月15日中午，哥伦布以英雄的姿态驶入帕洛斯港。

此时帕洛斯港附近，人山人海，鼓掌声、欢呼声、鼓乐声一起响起来，比船队出发时的情形更为热烈。人们听说哥伦布的船队远航归来，都在猜测他们沿途遇到了哪些奇妙的事，早早地就等在码头上了。

哥伦布挺立在船头，身上穿着那件在“印度”登陆时穿的石榴红大礼服，脚蹬装有金马刺的皮靴，身上佩戴着宝剑，腰边插着匕首，神采奕奕，气宇轩昂。欢迎的人群中有国王的代表、公爵、镇长、拉比达修道院的神父、船长、船员、工人、农民、渔夫、商人……

哥伦布早就写好了一个正式的远航探险报告，派人把这个报告从里斯本经陆路送给在巴塞罗那的西班牙双王。4月7日，哥伦布收到了国王斐迪南和女王伊莎贝拉的信。

双王在信中称呼哥伦布为“唐·克里斯托弗·哥伦布，海洋统帅，在印度所发现的海岛的副王和总督”。这正是当年双王答应在他到达“印度”时授予他的职衔。国王甚至还召唤哥伦布尽快前往塞维利亚的冬宫见驾，希望他把已经开创的事业继续扩大，并要求他马上着手准备第二次远航。

哥伦布收到双王的这封信后，急忙又给双王递交了一份报告，建议把伊斯帕尼奥拉岛作为殖民地，同时提出了实现这一目标的详细计划。不仅如此，哥伦布还就新发现的殖民地的管理谈了自己的想法。

他建议国王派出2000个人前往殖民地，并在那里定居。这些人应当分散居住在3~4个城镇中，每个城镇设一名市长和若干职员，建立教堂，任命教士，让印第安人皈依基督教。只有领有执照的人才允许从事淘金活动，淘金活动定在每年中的一段时间，其余时间他们必须从事其他公务。淘到的黄金必须上交市政府，其中一半归王室所有。

从这些初具雏形的想法中可以看出，哥伦布也是一位非常有才能的地方管理者，尽管有些想法尚需推敲。

这封信由专职信使送呈给双王之后，哥伦布就开始准备进行长途的陆路旅行，前往巴塞罗那晋见双王。

他订制了一套符合自己现在身份的服装，带着采集来的金样和一些西班牙人见所未见亦闻所未闻的东西，前往巴塞罗那。

哥伦布陆路旅行队伍中包括几名职员、几名仆从和6个从

“印度”带回来的可担任翻译的印第安人。这些人或骑马或乘马车，组成了一支浩浩荡荡的队伍。印第安人还是在岛上的那些装束——头上和身上都佩戴着羽毛、鱼骨和黄金装饰品，手里提着装鹦鹉的笼子。在他们途径之处，西班牙人争先恐后地涌到路边，带着惊奇的神色观看这些外来者。

哥伦布在科尔瓦多短暂地停留了一段时间。他与他的两个儿子——迭戈和费南多，还有贝特丽丝见了面，享受了一小段时间的天伦之乐，这是他一生中最幸福美好的时光。

大约到了 4 月 20 日，这支队伍才到达巴塞罗那。斐迪南国王和伊莎贝拉女王下令将巴塞罗那装饰得花团锦簇，就像过节一样。整个城市的人都涌上了街头，街道两旁的阳台上挤满了盛装的妇女。

哥伦布骑着马行进在队伍的最前头。在晨雾中，人们起初只能看见他朦胧高大的身影。随着队伍逐步走近，在朝阳的照耀下，显出了他高贵的形象：头上戴着宽边礼帽，披在身后的镶金斗篷随风飘扬，左手执缰绳策马向前，右手不停地挥舞着向欢迎的人们致意。

国王派出一批大臣和一支骑马的仪仗队从冬宫出发，迎接哥伦布一行。这些王公贵族在哥伦布的两侧排列成行，五彩缤纷的仪仗队紧跟其后，他们的头盔在阳光下闪闪发光。

哥伦布在宫殿前下了马，疾步进入冬宫大殿。当哥伦布一步一趋向双王鞠躬致敬时，斐迪南和伊莎贝拉一反常例从座位上站起身来迎接他，以示对他的尊重。当哥伦布跪下，吻他们的手时，他们又破例向他俯下身来，显得非常亲热。然后，双王请他起立，命人在年幼的王太子唐·胡安旁边摆放了一张椅子，让他坐下。这是十分特殊的荣耀。

应双王之请，哥伦布开始讲述他远航的故事。他谈到了淳朴善良、全身赤裸的土著人，他谈到卡斯蒂利亚的平原和山冈都无法与之媲美的那些美丽的岛屿，他谈到了“圣·玛利亚”号的沉没，他谈到土著人对他的巨大帮助。

说到这里，他经王双允许，叫那 6 个印第安人进入大殿。印第安人展示了他们带来的鹦鹉，大臣们发出阵阵惊叹声。

他还谈到天真的土著人十分乐意用他们的金首饰换取西班牙人的鹰爪铃和其他小玩意儿。接着他叫人抬进一个橡木大箱，他像魔术演员似的猛然把箱盖揭开，引起在场的人的一阵惊呼。在烛光的照射下，人们看到箱子里装满了金冠、金项链、金手镯和大小不等的碎金块。这些闪闪发亮的金子使在场所有的人对“印度”向往不已。

此时，哥伦布西航发现新陆地并成功返回的消息在欧洲不胫而走。巴塞罗那更是热闹非凡，人们热烈地谈论着哥伦布的所有事情——万人空巷的欢迎场面，国王接见时的破格礼遇。西班牙兴起了一股人人争说哥伦布的热潮。

第四章

举世瞩目的大英雄

挑战立鸡蛋

在哥伦布远航之前的好几个世纪，地中海曾经是沿岸各个民族和国家争雄称霸的舞台。哥伦布远航之后，欧洲西边的“黑暗海洋”和大洋彼岸成了欧洲人的新奇天地。那里的金银、香料和驯服的土著居民成了他们新的争夺对象。

哥伦布在王宫受到隆重款待的日子里，又碰上各种节日。此时的西班牙王室，气氛庄严肃穆又不乏欢歌笑语。

西班牙王室给 6 个印第安人施以洗礼，国王、女王都乐意做他们的教父、教母。这使哥伦布大为感动。洗礼在巴塞罗那天主教堂的圣洗台进行。显要人物簇拥着双王进入巴塞罗那天主教堂，居民们向他们欢呼致敬。国王还给带回来的印第安人分别取了名字，并留其中一人作为王子的侍从。其余 5 人仍旧随海洋统帅返回新大陆。

看到哥伦布受到双王的盛情款待，一些贵族立刻开始嫉妒哥伦布。他们在背地里窃窃私语：

“哥伦布那个家伙，现在名利双收，不久以前不过是个流浪街头的叫花子！”

“身份、官职都没有，只不过是一个平凡的船员而已。这次，他侥幸地发现了新航路，一跃成为西班牙的英雄，受到了陛下的信任和褒奖。要是追究起他的根底来，他不过是个流浪汉、穷小子。”

“再说，他是一个外国人，哪配受到王室如此宠幸，真叫人不服气。”

哥伦布从这些人的眼神中以及他们的言谈里，多多少少察觉到这种嫉妒与不服气，所以在行为上，他总是小心翼翼，避免和他们发生争执。他心里明白，树敌太多，必定会对未来的探险事业增添阻力。

有一天，贵族们举办宴会，特地邀请哥伦布参加。吃饭的时候，大家都在谈论着新航路的话题。

突然，有一个贵族说：“不，各位虽然都在说新航路，以及发现新航路是何等伟大的事业，但是我却不以为然。这件事是谁都能做得到的，并不是多了不起的事。”

众人听了，都不怀好意地哄堂大笑，他们都以幸灾乐祸的心情，等待哥伦布的反应，准备看一场好戏。

这时候，哥伦布态度从容地拿起餐桌上的一个鸡蛋发问：“哪位能把这鸡蛋的尖端朝下，叫它竖立起来？”

“我！我！”贵族们也都半开玩笑地试着把鸡蛋立起来，但没有一个人能成功。鸡蛋滚来滚去，大家更觉得好笑了。

“这是不可能办到的呀！”坐在最前面的一位贵族这样说。

“不，一定能办到。”哥伦布从容不迫地说。

“既然办得到，那么，你就给我们演示一下吧。”这位贵族的脸红了起来。

“喀”的一声，哥伦布把蛋的尖端在餐桌上打碎后，就放开了手，于是，蛋动也不动地竖立在餐桌上。看到这样的结果，有人在懊恼，更有人觉得太容易了，只是自己还没有想到罢了。

这时候，哥伦布发言了：“各位，事情确实就是这样简单，但是大家是否想过？这样简单的事情，谁愿意第一个去做？就像我这次的远航，我本来就是一个一无所有的人，但是现在成了第一个发现新航路的人。”

哥伦布的意思很简单，事情往往都是在别人做了之后才会觉得简单，大多数人都是在别人成功之后才知道如何去做。像哥伦布这样敢想、敢做的人往往都是极个别的，他们的成功不在别的，就在他们拥有执着勇敢的精神。

除了忙碌各方面的应酬，哥伦布还把他所写的远航探险报告，即《哥伦布书简》，在巴塞罗那印刷成了小册子。这样，更多的人就能了解到此次航行的经过和成果。

哥伦布的第一次远航不仅带回了异域的消息，而且带回了不少传诸后世的东西。哥伦布不仅是关于烟草和烟草吸食者最早的文字记载者，而且是第一个将烟草和烟草的种子带到欧洲的人。

烟草被印第安土著称为“淡巴菰”，也就是后来的英文tabacco。哥伦布带回的烟草让西班牙成为了欧洲第一个烟草栽培国。

很快，烟草传遍了欧洲。葡萄牙成为了第二批接棒者。16世纪中期，法国人让·尼古特曾一度做过法国驻葡萄牙的大使，他在葡萄牙第一次接触到了来自西班牙的烟草。烟草解乏提神

的功效让他大为称赞，更让他惊喜的是，他居然奇迹般地用烟草治愈了自家厨师的刀伤。后来，他把烟草带回了法国，并迅速将烟草介绍给了法国王室和贵族阶层。

在当时的法国，烟草甚至被称为“太后草”“帝王之草”。后来，为了纪念尼古特，烟草中的碱就被称为“尼古丁”。

很快，随着欧洲人向外扩张的脚步，烟草被迅速地传到了全世界。

烟草的危害毋庸置疑，但是除了烟草，哥伦布还带回了不少美洲特产。其中，印第安人的主要食物——玉米、番薯和马铃薯的传播则深深影响了世界人口的发展。这些植物都以顽强的生命力和丰富而稳定的产量著称，全世界无数人因为它们得以活命。

它们的传播速度比烟草迅速得多。16 世纪初，玉米、番薯、马铃薯、西红柿等作物就开始经过西域传播到中国，并很快成为了很多地方的主要农作物。直到今天，这些作物仍然是人类的主要食物之一。

哥伦布所开辟的从欧洲横渡大西洋到美洲并安全返回的新航路，将美洲和欧洲紧密地联系起来，将由葡萄牙人开创的中世纪晚期以来的地理发现从量变发展到质变，从渐进演化成飞跃，从而开始了地理大发现。

然而在当时的欧洲有着所谓的国际公法。国际公法规定，新地域的发现必须通过教皇的确认才能生效。同时，哥伦布也打算通过这种方式来证明他所发现的地域都在葡萄牙国王的管辖区域之外。

此时的葡萄牙是欧洲的海上强国，控制着通往“印度”（美洲）的重要通道，自然不会眼睁睁地看着如此大的好处让西班牙人独占。

但是当时的教皇亚历山大六世能够登上教皇的宝座，依靠的是西班牙国王斐迪南和女王伊莎贝拉的支持。因此，他的圣谕完全偏向了西班牙，而葡萄牙则对此不予承认。两个海上强国扯来扯去，最后不得不以相互妥协告终。

第二次探险

1493 年 5 月 29 日，西班牙双王颁布命令，授予唐·克里斯托弗·哥伦布海洋司令、副王和已被发现的岛屿和大陆的总督头衔，并命令他再次起航。

一个由 17 艘船组成的大船队很快被装备起来了，哥伦布在最大的一艘船——“玛利亚·卡兰特”号上升起了指挥旗。

哥伦布第一次远航时，在印第安人居住区，没有见到过牲畜和欧洲的农作物，于是索性把马、驴和猪等牲畜装上了船。除此之外，哥伦布让船员们带上了葡萄藤和欧洲的各种农作物种子。

这一次，哥伦布不用四处搜罗船员了，国王也不用强制命令了，很多人都争先恐后地要跟随哥伦布出海。而最后选拔出来的大多是宫廷侍卫、游手好闲的贵族和傲慢的教士。也就是一些有身份、有地位的人。

其实大家都知道这其中的原因——既然达官显贵都知道了新大陆的存在了，他们肯定不会袖手旁观让大把大把的黄金被别人捞了去。

那些宫廷侍卫可以保证出航人员的安全，那些贵族名义上的任务是为发现的新大陆作证明，而那些教士则是带去信仰。

与此同时，哥伦布写信给他仍在法国的弟弟巴代勒米，和还在热那亚做羊毛纺织生意的小弟弟杰果，告诉他们西航成功的消息，要他们也来参加今后的航行。

杰果从热那亚及时赶来了。他谨慎朴实，善良温和，可惜的是这些优点没能使他成为一个优秀的领导人，也无力承担落到他肩上的重任。巴代勒米比他更为成熟，做事很有魄力，可惜的是他来晚了一步。当他赶到加的斯时，哥伦布的船队已经出发航行了好一段路程。

1493 年 9 月 2 日，哥伦布的第二次探险从加的斯港出发，随船出行的约有 2000 人。

他们在加纳利群岛补充了食物——甘蔗，但这一次，他们带上了一些经过训练的个头很大的狗，专门用于对付一些不听话的土著人。

从葡萄牙前期的海外贸易来看，奴隶贸易可以赚取巨额利润，而新大陆上数量庞大的土著人正好可以满足这一要求，而这也是罪恶的奴隶贸易在欧洲地区盛行的开始。

哥伦布率船队离开加纳利群岛，向西南航行。根据伊斯帕尼奥拉岛上的居民的说法，在这座岛的东南方有另外一些海岛。如果哥伦布正确地理解了印第安人所说的话，那些海岛中应包括“加勒比人即食人者居住之地”和“没有丈夫的女人岛”，而这些岛上有大量的黄金。

船队这次是沿着比第一次航行方向偏南约 10 度的线路航行的。这个航向非常正确，哥伦布抓住了顺风——东北季风，很快就横渡了大西洋。这次航行的路线后来成了从欧洲前往西印度群岛常走的航线。

在西方出现陆地的踪影的前一天，哥伦布根据海水颜色的变化和风向的变化已经判断出陆地近在眼前了。

1493 年 11 月 3 日，一座覆盖着热带植物的海岛出现了。由于这个发现是在星期日（西班牙语的“星期日”一词的读音是“多米尼加”），所以哥伦布就以“多米尼加”命名了这座岛。

在多米尼加岛海岸边找不到合适的港湾，于是哥伦布命令调转船头向北航行。在北部他们发现了一座面积较小的低矮岛屿，哥伦布以自己的航船名称“玛利亚·卡兰特”命名了这座岛。哥伦布登上这座小岛，竖起了卡斯蒂利亚的旗帜，正式占领了它。

这座小岛好像无人居住，站在这座小岛上能看见附近还有一些小岛。哥伦布把其中最大的一座岛命名为“瓜德罗普岛”。几天后，他们在瓜德罗普岛南岸登陆。土著人见状，四散奔逃。哥伦布派出了一支 10 人的武装小分队向岛内进发。但是一天过去了，派出的小分队没有回来，这让哥伦布十分不安。他又接连派了4个小分队去寻找，每队50人。迷路的小分队被找回来了，同时也带回了一个恐怖的消息。

这座岛上有一个吃人的部落，西班牙人感到这里的人比他们第一次探险时见到的土著居民更为发达。尽管他们的屋舍是用苇草盖的，但是建造得比其他印第安人的要舒适得多，屋子里的家具也比其他印第安人家里的多得多，同时他们在各方面表现了高超的制作技巧。他们给这个部落取名“加勒比”。

搜救队员在岛上的密林深处还救出了一些被加勒比人抓获并被当作食物的土著人。为了防止意外情况发生，哥伦布决定迅速离开这里。

11月10日，船队起锚了。哥伦布下令将加勒比人所有的独木舟全部销毁了。那些被搭救的土著人都上了他们的船，此外船上还有几个俘虏来的加勒比人。

船队顺风沿小安的列斯群岛的背风岸前进。这里风景如画，加勒比海的海水由于深度不同而变幻出绚丽多彩的颜色。

12日，哥伦布一行发现了蒙特塞拉特岛（纪念加泰隆的一家著名修道院）。然而西班牙人未在该岛登陆，因为被俘的土著人说经加勒比人抢掠后这座岛荒无人烟。

次日早晨，他们发现了安提瓜岛，也未登陆。

15日，他们发现了圣马丁岛（北纬18度），他们还发现这座岛上有可耕种的田地。哥伦布希望在这里捉到一个向导，给他指明前往其他岛屿的航线，于是他派出了一只武装小艇靠近沿岸村庄。在一个看似无人居住的村落里，他们发现了一批年轻的土著人，便解救了他们，然后把他们带回了船上。

刚上船，一只载着加勒比人的独木舟突然冲了出来。他们毫不畏惧西班牙船队，用弓箭袭击西班牙人。他们射伤了西班牙的 2 个水兵。加勒比人非常强悍，且自我保护力非常强。西班牙人费了九牛二虎之力抓住了一个加勒比人，其他加勒比人这才乘独木舟逃走了。

从被解救的土著人口中得知，在西班牙人已经发现的几座岛上都住着加勒比人。他们相互不争斗，而袭击其他没有武器的土著人。他们乘大型独木舟能横渡数百海里宽的海域。加勒比人还非常残暴，会吃掉他们的俘虏。

后来，“加勒比”一词被西班牙人错读成“卡尼巴尔”。这个词后来随着这批探险者返回祖国，传遍整个欧洲，于是“卡尼巴尔”就成了“食人者”的同义词。

5 天以后，船队来到一座大岛，整天沿着岛的南岸航行。哥伦布把它叫作“圣·胡安·巴蒂斯塔”，在今天的地图上此岛名为“波多黎各”。哥伦布让船队在这里停靠两日，以补充淡水和食物。

11 月 22 日，船队通过了分隔波多黎各和伊斯帕尼奥拉岛的海峡。

虽然哥伦布急于回到纳维达德，想去了解他上一次留在那里的人和城堡的现状，但他认识到他需要寻找一个更好的地方作为永久定居点。

11 月 25 日，船队在蒙特·克里斯提港停泊，哥伦布派出一支队伍上岸寻找一个理想的地方。可是不一会儿，这些人便惊慌失措地回来了，他们说这里找不到可定居的地方，他们还发现了两具尸体。

第二天，哥伦布一行又发现了两具尸体，其中一人还蓄有唇须。虽然现在已经难以辨认出死者的面貌，但是此时哥伦布心中非常焦虑，因为这些死去的人根本就不是印第安人，而是西班牙人。

西班牙人为什么会死在这里呢？第一次远航临走之时，哥伦布嘱咐过留守的人要与印第安人和平共处，而且酋长都非常和善，不像是会滥杀无辜的人。哥伦布想要进一步了解情况。

谣言的中伤

11月27日夜，船队到达纳维达德。由于天黑没法进港，哥伦布便下令鸣炮，但岸上毫无回应。哥伦布知道情况不妙。

夜间，一些土著人驾着独木舟出来了，但不愿靠近哥伦布的船队。哥伦布举灯自报姓名，土著人的独木舟才慢慢靠过来，一个土著首领上了哥伦布的船。

哥伦布第一次来这里时，这个首领与哥伦布的关系比较亲密。据他说，留守纳维达德的西班牙人，有的死于疾病，有的死于械斗。听到这里，哥伦布的心情越发沉重了，他想要保持的和平和安定看来只能是空想了。

第二天一大早，哥伦布就派出了一支队伍外出探听虚实。映入他们眼帘的是一片荒凉。随后，哥伦布经过与当地土著人的深入交流，才知道事情的原委。

原来，当载着哥伦布的“尼尼亚”号一离开，留下的西班牙人便露出凶残的本性，他们到处抢夺黄金。他们结成团伙，为非作歹，由于分赃不均，西班牙人内部发生了激烈的火拼。

一天，西波地区的酋长卡奥纳波来到纳维达德，却发现这里的西班牙人正在抢劫掳掠印第安人。愤怒之下，他将这些西班人赶尽杀绝。随后，他还将纳维达德西班牙人的营地付之一炬。从此以后，西班牙人和印第安人的关系急剧恶化。

哥伦布知道这种情况迟早会发生，但是他没有想到这么快。这一次远航，西班牙人早就做好了奴隶贸易的准备，所以无论如何，印第安人和西班牙人最终还是会站到对立面去。

可是哥伦布现在才发现，此时事态已经发展到他无法轻松掌控的地步了。他目前最需要做的是先找一个安全的根据地，然后再开始安排其他工作。

12 月 7 日，哥伦布命令船队向东行驶，寻找一个可以安身的地方。之后 3 个星期一直刮着大风，船队只好停泊在蒙特·克里斯提以东一个半岛的背风面。

虽然在这里建设城镇并不理想——蚊蝇遍地，水源缺乏，港湾不便停泊，可是此时远征队员们也不愿继续在海上漂泊了，动荡不定的生活使他们厌倦。于是哥伦布决定在这里上岸。好在岛上土壤肥沃，可以种植农作物。

人、给养、武器和牲畜都上了岸。哥伦布命人规划了街道和广场，建立了临时草屋。石匠们开始修筑一座教堂，再为哥伦布专门修了一所住房。随后，他们还种植了树木和农作物，包括带来的甘蔗和葡萄，以便酿酒。哥伦布把这座新城命名为“伊莎贝拉”，以纪念西班牙女王。

建造一座城市不可能一帆风顺。带来的食物一天天减少，牲口成批地死亡，农作物种子也有不少霉烂了。许多人，包括哥伦布自己身患各种疾病。

为了加快建城速度，哥伦布命令“骑士们”——那些贵族去干活，这引起了他们极大的反感和对抗。哥伦布规定，对拒绝干活的人停发口粮。这一招虽然有一定的效果，但也引起了贵族们强烈的敌对情绪。

在伊莎贝拉城建成之前，哥伦布就派出队伍去寻找金矿了。令人振奋的是，没几天寻找金矿的队伍就回来了，而且带回了不少有关金矿的好消息。此时，所有人的注意力都转移到了黄金上。总算是能够稍微地平复一下疾病和反抗情绪所带来的不良影响了，哥伦布也能松一口气了。

寻找金矿的队伍由安达卢西亚人奥赫达率领。在土著人的引导下，他们在岛屿中部盆地的溪流中发现了大量金砂。短短几天，他们就收集了不少黄金，甚至还有天然金块。此时大家都沉浸在找到黄金的喜悦之中。

可是这个时候，由于哥伦布一行还没有意识到食品安全问题，更不知道在这个潮湿的热带地区如何保存食物，所以很快，他们的大部分食物都腐烂了。

虽然黄金能够暂时安抚住那些贵族，但是疾病的肆虐和食物的锐减，让哥伦布不得不担心起来。饥饿即将来临，哥伦布认为应该减少食物消耗。他想让一部分人先带一些黄金回西班牙，然后增派人手到新大陆来淘取黄金，顺便带上足够的药品、食物等必需品。

最后哥伦布决定在岛上只留下5艘船和500人，并让其余的人于1494年初返回了西班牙。

哥伦布的终极目的并不是黄金，而是印度，这是他一开始就想要找到的梦想之地。所以哥伦布在伊莎贝拉城留下了一支由他的弟弟杰果指挥的强大守备军，然后于4月24日率领3艘不大的船向西航行，去“发现印度大陆的陆地”。

这一次，哥伦布的目标是古巴以南地区。

哥伦布第一个发现的就是格兰德港，如今是著名的美国海军基地——关塔那摩。在这里，他有了一个不错的开始。当地的居民在他赠送的小物品的帮助下，和他建立了不错的关系，并将对西班牙人良好的评价迅速传播开来。

哥伦布此次航行的最大收获就是发现了牙买加。但是他和牙买加土著人的初次接触并不顺利，双方甚至发生了一次小规模的冲突，结果以几个土著人的伤亡告终。

但是几个月的航行过去了，依然没有任何迹象表明哥伦布想要找的印度在哪里，或者说没有任何一样东西能够证明这里就是《马可·波罗游记》中所描述的印度外围的某个地方。

就在哥伦布一筹莫展的时候，一个土著人告诉他，海岸向西极为遥远的地方有一个叫蛮贡的地方。当地的土著猎人还告诉哥伦布，他见过身穿长过膝盖的白色长衫的人。哥伦布觉得蛮贡肯定就是马可·波罗描述的蛮子省了。

由于没有等到从西班牙出发的补给船队的支援，而且哥伦布的船队航行的时间已经太久了，人员、船只以及粮食都已经不具备继续远航的能力，船队必须返航。

9月25日，船队艰难地回到了伊莎贝拉城，哥伦布病倒了，长期的劳累甚至让哥伦布处于昏迷的状态。不久，他的弟弟巴代勒米驾船来到了伊莎贝拉，这让病重的哥伦布精神为之一振。巴代勒米是指挥着西班牙国王派给哥伦布的3艘补给帆船到来的。巴代勒米的到来让哥伦布开心不已，他不仅是一个制图高手、航海专家，更是一个有能力的实干家。

其实在哥伦布离开的日子里，杰果将伊莎贝拉城管理得非常糟糕。杰果安排贵族马加利特率领350多人留在岛内盆地寻找黄金，可是马加利特他们从土著人手中抢夺食物和黄金，还残忍地虐待他们。

身在牙买加的哥伦布从杰果的来信中知道这些消息后，写了一封信给马加利特，指责他的错误。收到哥伦布的来信，马加利特不但没有收敛，反而带着他的一部分队伍进军伊莎贝拉城。最后，他带着支持自己的队伍返回西班牙，在双王面前污蔑哥伦布。

哥伦布回到伊莎贝拉城几个月后，双王派来的4艘补给船到来了，并带来了双王给哥伦布的信——双王让他尽快回国。

哥伦布虽然知道流言还不足以动摇双王对他的信任，但是他必须找到更多的黄金以交差。于是他大力开发那些有可能出产黄金的岛屿，希望能从那里得到更多的金子。

这样一来，就需要更多作为劳力的土著人了。由此开始，西班牙人和土著人之间的矛盾越来越尖锐。随后，哥伦布在伊莎贝拉城挑起了一场全面战争。这次战争，哥伦布大获全胜，他制服了土著人，并让他们帮他干最苦最累的活儿。

在哥伦布的安排下，西班牙人在岛上又修建了不少堡垒，随后就开始了大规模的黄金收集工作。为了保证黄金的数量，哥伦布甚至给每个部落都规定了应上缴的数量。

为逃避这无法完成的任务，无数土著人逃往森林，但仍然躲避不了西班牙人的追杀。就这样，岛上的土著居民开始不断减少。

由于哥伦布一直在收集黄金，迟迟没有动身回国澄清谣言，那些在西班牙污蔑他的话语不断传入双王的耳中。等到双王派来调查哥伦布的人员到达伊莎贝拉城之后，哥伦布才意识到他必须回西班牙一趟了。

重返南美洲

1496 年 6 月 11 日，哥伦布率船队返回加的斯港。与首航归来相比，哥伦布这次要谦逊低调得多。

长时间的海上历险以及年轻时候困苦的生活，让 45 岁的哥伦布显得十分苍老，而经过在伊莎贝拉城的一次重病之后，他觉得做事情都有些力不从心了。

回到西班牙之后，哥伦布静下心来反思自己的所作所为。他想到自己在新大陆残忍地对待土著人的行为，内心感到无比愧疚。他一开始以为西班牙人能和土著人和平相处，可是现实离自己美好的想象差了十万八千里，直到后来自己根本就没有办法控制局势的发展。如今错误早已经铸成，而作为一个虔诚的基督徒，他唯一能做的只剩下忏悔——过苦行僧的生活来赎罪。这之后，哥伦布脱掉了海军元帅华丽的制服，穿上修道士的粗布衣服，住最简陋的房间，吃最差的食物。

哥伦布随后向双王报告了新大陆的发展进程，并陈述了自己在新大陆的开发过程中发现的问题，又提出了一系列建议供王室参考。当然，在这次与双王的谈话中，他还对流言蜚语进行了一番申辩。凭借着他的功绩和能力，双王对他还是表示了信任。

经过第二次远航实践，哥伦布认为建设已经发现的大陆是一件刻不容缓的事情。在与双王的会面中，哥伦布也提出了让双王支持建设新发现的大陆的建议。与此同时，哥伦布还是不想放弃他梦想中的印度，他还想继续寻找，于是向双王提出了第三次远航的请求。

当哥伦布把这个请求向西班牙王室提出之后，双王虽然同意哥伦布第三次前往“印度”，但是王室现在的精力主要集中在政务上。

双王尤其热衷于安排儿女的婚事，希望通过与其他王室的联姻，来加强西班牙在欧洲的地位。最终，在双王的努力下，西班牙王室继承人胡安王子娶了奥地利的玛格丽特公主为妻，而玛格丽特的兄弟菲利普公爵则迎娶了西班牙国王的幼女胡安娜公主。同时，他们的长女伊莎贝拉公主则嫁给了葡萄牙国王。就这样，西班牙、葡萄牙以及那不勒斯通过一系列的政治联姻，加强了彼此之间的相互依赖，也增强了面对共同敌人时的军事实力。

一年多的时间里，整个西班牙甚至半个欧洲几乎都在围绕这些事情而忙碌着。哥伦布的第三次远航行动一直等到胡安王子和玛格丽特公主的盛大婚礼举行之后才得以安排。

而到 1498 年 5 月，让哥伦布非常担忧的事发生了，葡萄牙船长达·伽马从里斯本出发绕道好望角驶往印度，并在印度建立了最重要的贸易中心。

1498 年 5 月 30 日，哥伦布带着准备好的 6 艘帆船出发了。他们从加纳利群岛开始，把船队分为两个部分。哥伦布派遣3 艘船直线驶往伊莎贝拉城，自己则率领其余的 3 艘船驶向佛德角群岛。此时信风微弱，航行极慢。

7 月 13 日，哥伦布的船队进入赤道无风带。天气异常炎热，洋面上没有一丝风，木桶裂开了，淡水和酒都淌掉了。每个人的反应都是一样的，脑袋发昏，浑身无力。船舱更成为禁地，没有人愿意进去，因为如同火炉一样的船舱内到处都是炸裂的木桶、腐烂的食物。

幸运的是后来刮起了强劲的东风，随之而来的是一场大雨，这使他们绝处逢生。7 月 22 日，带着凉意的信风从东南方向吹来，3 艘船加速前进，哥伦布指挥着船队笔直地向西航行。

一路上，哥伦布仔细地计算着船队的方位。7 月 31 日，哥伦布向船员们宣布：船队已经到达了小安的列斯群岛所在的子午线上。

此时考虑到船上的淡水已经没有多少了，哥伦布决定绕道北航，先找个地方解决淡水的补给问题。按照他的计算，船队可以到加勒比海的海岛上进行休整。

一天中午，爬上桅杆的船员突然大声喊叫了起来。原来他发现了前方的陆地，而它看起来就像3座小山。随后，哥伦布便将这座岛屿命名为“特立尼达岛”。

事实上，特立尼达岛连接着南美洲大陆，两者虽被帕里亚海湾隔开，但相距不足10海里。在帕里亚海湾的另一头，是现在的委内瑞拉，但此时的哥伦布以为那不过是另一个大的岛屿而已。在这河流比较多的陆地上，哥伦布还给一些海峡取了名

字，例如龙口海峡、蛇口海峡、锡厄佩海峡等。

哥伦布满心期待能够在这里找到黄皮肤的中国人。然而就在船队停靠在特立尼达西南角的时候，一条大型独木舟发现了他们。船上有20多个人，他们依旧是赤身裸体的土著人。

哥伦布以为这些土著人和他们以往遇到的一样温和善良，就想着拿些东西向他们示好。随后，哥伦布让船员从船上拿下铃铛、铜瓶等东西，打算给那些土著人。然而，特立尼达的印第安人并没有对这些东西产生很大的兴趣。

随后，哥伦布让船员们拿出船上的乐器，敲敲打打，热闹非凡地跳起了西班牙的舞蹈。大家本来希望通过这样的方式吸引土著人的注意，然而事与愿违，这让本来就很警惕的土著人更加紧张了。他们觉得眼前这些陌生人的这种行为是攻击的前兆，慌乱之下，土著居民打算先下手为强，于是纷纷向船上发射弓箭。幸好，射到船上的那些弓箭并没有伤到人。

没想到，哥伦布的船队还没上岸就发生这么令人不愉快的事情，无奈之下哥伦布只好带着船队离开了。他希望能够通过海峡到达另一个大岛，也就是南美洲大陆。

但是不幸的是，海底火山的爆发造成锡厄佩海峡涌起的滔天巨浪差点让哥伦布的船队永久地留在那里。为了尽快离开这个危险的地方，哥伦布带领船队横渡了帕里亚湾。

第二天，哥伦布的船队出发了。他要沿着海岸好好考察一下这个规模巨大的“岛屿”。8月6日，船队停靠在了一个圆形的港口。尽管它的规模很小，但绝对是一个天然良港。将船停稳当之后，哥伦布一行人就来到港口的陆地上安营扎寨。

港口停了大船，而且来了一些他们从未见过的人，当地土著人都感到非常好奇。他们源源不断地从四面八方汇集而来，都想参观一下他们从未见过的这种大船。

西班牙人虽然对土著人还是有些警惕，但是他们为了探听到这个岛的更多消息，不得不拿出小礼物来分发给他们。当地土著人看到这些陌生人将自己的东西送给他们，都非常高兴。于是作为回报，他们给西班牙人带来了许多新鲜的水果以及美味的玉米饮料。

在这里，西班牙人有了惊人的发现。他们发现当地人最为贵重的金属装饰品是用金、银和铜熔炼在一起形成的合金，含金量非常高。土著人称之为“瓜银”。这里的铜都来自很遥远的地方，路途的遥远和采集的困难反而使得当地的铜比金子还贵。于是西班牙人用铜制品跟这些土著人换了一些金子，也算是有些收获。

4天之后，哥伦布的船队起航了。他要尽快赶到伊莎贝拉城，看看弟弟现在将那里管理得怎么样了。为了尽早抵达伊莎贝拉城，哥伦布再也没有像以前那样见到岛屿就要尽量停靠过去进行考察，而这让他错过了不少好机会。

8月15日，船队在航行中又发现了一座岛屿，就是马加利塔岛，岛上盛产珍珠，所以又被称为“珍珠岛”。哥伦布如果能够按照惯例上岛的话，肯定会有巨大的收获，因为这里的珍珠远比他所获得的黄金的价值要高得多。

哥伦布离开伊莎贝拉的时候，他的弟弟巴代勒米下令，在岛的东南河口上建立新的首府，叫“圣多明各”。这里比伊莎贝拉城条件优越得多，土壤肥沃，卫生状况良好，有固定的淡水来源，还是一个可以躲避风暴的优良港口。

在浩渺的大海上，哥伦布的航海才华展露无疑。在没有任何现代仪器作为辅助的情况下，他计算出了从珍珠岛到圣多明各的最佳航线，但也正是由于缺少先进仪器的帮助，谁也无法保证航行能够完全按照计划进行。

不久，哥伦布的船队遭遇了赤道暖流，同时为了避免夜晚航行中碰到暗礁，船队前进的速度不仅慢了很多，而且在航向上也发生了一定的偏差。结果，船队并没有按原定航线航行，而是径直来到了圣多明各西南方向的阿尔塔·维拉岛。

不过方位感极强的哥伦布最后还是找到了圣多明各。来到圣多明各后，哥伦布才真正遇到了头痛的事情——叛乱，一场即将让哥伦布感到莫大耻辱的叛乱。

阶下之囚

哥伦布离开的这段时间，代理总督之职的巴代勒米并没有收服人心，各种利益冲突使得西班牙人内部的矛盾非常尖锐。

西班牙大法官弗朗西斯科·罗尔丹与巴代勒米的关系非常紧张。罗尔丹和来到这里的很多西班牙人一样，对黄金充满了渴望，而且对哥伦布兄弟的管制非常不满。又因为食物长期供应不足，许多人对哥伦布和巴代勒米这两个来自热那亚的“外国人”充满了嫉妒和敌意。借此机会，罗尔丹就煽动一些西班牙人跟他一起反对哥伦布兄弟。

罗尔丹很善于拉帮结派，在他的煽动下，他很快就成为了部分西班牙人和几个土著酋长的领头人。他对跟随他的人说，他希望能够在岛上颠覆哥伦布兄弟的权威，并通过已经回到西班牙的同伙的帮助，合法取消哥伦布的特权，而由他来接替哥伦布成为下一任总督，届时他们就不用看哥伦布兄弟的脸色了，他还会给他们不少好处。

让罗尔丹没有想到的是，他试图发动叛乱的事被巴代勒米发现了。巴代勒米迅速安抚了那部分躁动不安的西班牙人。罗尔丹见自己的叛乱被发现，于是带着忠于自己的队伍逃到了岛的另一边安营扎寨。

祸不单行，哥伦布在航行途中曾托代理主教冯斯卡回国转交一封信给双王，信中提及他发现的南美洲新大陆。而这个主教对哥伦布又妒又恨，他可不想哥伦布将所有的功劳都得了去，也不想让这个外国人在王室的地位超过自己。想来想去，他决定派人出航去探察哥伦布所发现的新大陆。

冯斯卡主教先派自己的得力助手奥赫达、一个绘图员再加上亚美利哥·维布西 3 人前去寻找南美洲新大陆。他们很快就找到了南美洲大陆。随后，亚美利哥把自己所见到的南美洲大陆的情况公开发表了出来。

而哥伦布告诉双王有关新大陆一事的信则始终没有公布，从此以后，南美洲大陆被命名为“亚美利哥”，而不是“哥伦布”。就这样，哥伦布发现南美洲的功劳被人平白无故抢去了。

1498 年 8 月 30 日，伊莎贝拉城的殖民战争还在继续着，而此时，让哥伦布更为头疼的事情发生了。先前与哥伦布分开行船的 3 艘船走错了方向，它们朝着罗尔丹盘踞的地区行进，并停在了那里。

船队总指挥卡瓦哈尔和他的船员并不知道岛上发生了叛乱。

就这样，罗尔丹和他的叛军轻而易举地控制了船队，还收缴了所有人的武器。整整3艘船的粮食、武器以及船员都成了罗尔丹的囊中之物。

一时之间，罗尔丹的势力大增，他叫嚣得更加厉害了。

哥伦布回到伊莎贝拉城后，巴代勒米立刻告诉了他岛上叛乱的事，还向他介绍了当时的形势。

10月25日，哥伦布给罗尔丹写了一封非常客气的信，允诺了罗尔丹提出的条件，另外还给罗尔丹及其追随者写了一封对他们的反叛行为不予惩罚的保证书。

于是，罗尔丹和哥伦布坐到一起开始谈判。可是罗尔丹在谈判中的要价不断提高，碍于他现有的实力，哥伦布不得不与他达成协议。

会谈以副王向“起义者”完全屈服而结束，罗尔丹被任命为大市长。如果哥伦布不尊重协议，罗尔丹及其随从有权武装反对他。他们的那次“起义”则仅仅被说成是对巴代勒米个人的公开非难行动，并且既往不咎。

哥伦布对罗尔丹的妥协极大地损害了他的威信，使西班牙人对他的离心倾向越来越严重。

不妙的是，新的反叛又来了。哥伦布兄弟很快就把这次骚乱镇压下去了。但是，哥伦布的麻烦远没有结束，新的麻烦接踵而至了。

1499年9月5日，奥赫达来到了岛上。其实奥赫达从帕里亚出发沿着西边海岸航行时，找到了哥伦布在马加利塔附近忽视了的大片珍珠产地，接着他发现了邦内尔、库拉绍和阿鲁巴岛，还发现了地域辽阔的马拉开波海湾。他来到岛上，还与罗尔丹发生了小冲突，紧接着他的船队继续驶向巴哈马群岛。

哥伦布并不知道奥赫达来过。在理论上，作为海洋统帅和这片新大陆的发现者，哥伦布应该有权知道这件事。很显然，奥赫达是在故意挑衅。

更让哥伦布觉得难以忍受的是，奥赫达的探险船队在返航途中停靠在了伊莎贝拉城。登陆之后，奥赫达的船员们不仅砍伐了大量珍贵木材，而且掠走了不少土著人。

面对哥伦布的强烈反对，奥赫达不仅没有收敛，反而变本加厉。最后就连罗尔丹的叛军也对此难以忍受，和奥赫达之间发生了多次武装冲突。

类似这样的事件使得哥伦布头顶上的夺目光环一天天黯淡下去。奥赫达成功后，那些曾经跟随哥伦布探险的其他人也按捺不住了，他们陆续开始了同样的举动。

不久，当年“加利西亚”号的领航员佩拉索伦·尼尼亚率领船队也到达了帕里亚，很快就满载珍珠，满心欢喜地回到了西班牙。

紧接着，当年“尼尼亚”号的老船长文森特·平松也带着船队来了。除了黄金和珍珠，他还发现了亚马孙河河口。

有了这3支船队成功的先例，西班牙所有贪婪者的目光都开始投向了“哥伦布的美洲”。没有人来征求他的同意，也没有人告知他任何情况，一支支船队就穿梭于哥伦布的南美洲航线上了。

哥伦布在双王和贵族心目中的地位也直线下降，如果不是他的成就过于巨大，恐怕他早已经成为可有可无的人物了。此时，对于那些开始醉心于美洲大陆财富的人来说，哥伦布甚至已经成为了他们发财的绊脚石。

距离第一次远航已经过去 7 年了，哥伦布带回来的黄金远远低于西班牙王室的期望值。同时，王室也觉得哥伦布兄弟二人在伊莎贝拉城把事情搞得一团糟，而且他们从叛乱分子和对哥伦布心存不满的回国者的口中得知，哥伦布对于印第安土著的血腥镇压已经严重损害了西班牙王室的形象。

此时的哥伦布已经顾不上那么多了，处理完罗尔丹，接着就处理圣多明各内部的问题。面对种种问题，哥伦布的办法并不多，唯一有效的就是用限制粮食供应来说话。这种方法曾用在建造伊莎贝拉城时不愿干粗活的贵族子弟身上。但这样做并没有取得预期的效果，反而使得不论是在圣多明各，还是在巴塞罗那，反对哥伦布兄弟的人越来越多，反对的声音越来越大。

很快西班牙双王对麻烦不断的哥伦布已经没有多少耐心了。他们任命弗朗西斯科·波巴迪拉作为王室视察官，前往伊莎贝拉城调查和处理当地所有的司法和行政问题。如此一来，哥伦布“最高统帅”的称号已经名存实亡了。

波巴迪拉率领两艘快帆船于1500年7月离开西班牙。他乘的那艘船上有他的顾问、佣人，还有一支配有精良武器的卫队。8月23日，波巴迪拉抵达圣多明各港。当地的西班牙人已经知道他此行是代表双王调查伊莎贝拉城的情况。那些长期没有领到薪金、受到哥伦布兄弟压迫的人十分激动。他们奔走相告，庆幸他们的境况将有可能得到改善。

当波巴迪拉到来时，岛上正发生着另外一起叛乱，哥伦布和巴代勒米正深入岛内腹地追剿叛乱分子，小弟弟杰果留守圣多明各。

很不幸的是，波巴迪拉来到伊莎贝拉城第一眼看见的就是岸边绞架上挂着的已被绞死的7个西班牙人。他上岸以后，又有人告诉他明天还要绞死5个人。

波巴迪拉向杰果出示了他的委任状后当即将杰果逮捕了。

随后，波巴迪拉召集圣多明各的全体市民开会，向他们宣布了他的使命，并警告他们说，如果有人不服从他的命令，都将受到严厉的惩罚。

很快，他接管了城堡，并住进了哥伦布的住所里，没收了海洋统帅的一切文件和财物。波巴迪拉还打开监狱，释放了全部囚犯，包括就要行刑的死刑犯。波巴迪拉还派出信使带着他的命令要哥伦布和巴托勒米立即返回。

哥伦布怎么也没想到事态已经发展到如此严重的地步。他一回来，波巴迪拉没容他作任何申辩，也没有向他宣布任何指控，就把他逮捕了。

巴代勒米这时正带着一支极有战斗力的队伍在扫荡叛乱分子。他这时完全有力量与波巴迪拉兵戎相见，一决雌雄。但哥伦布写信给他，恳求他放弃抵抗，于是他也被戴上镣铐，投进了监狱。

伟大的海洋统帅就这样成了阶下囚，戴着镣铐被押回了西班牙。

昔日的荣光与今日的落魄形成了鲜明的对比，此时的哥伦布不想用武力去解决任何事情，他知道他的心是真诚的——清者自清，浊者自浊，他绝不会被任何流言打败。他现在需要的是理解和信任，特别是来自双王的理解和信任。他必须回到西班牙，亲自向双王禀明一切，让他们来分辨是非黑白。

英雄末路

1500年11月底，关押哥伦布的船驶进了加的斯港。人们在码头上看到的哥伦布是一个疾病缠身、步履蹒跚、白发苍苍的老头儿。他身戴镣铐，身后紧跟着押解他的狱吏。

1500年12月17日，哥伦布兄弟到达格拉纳德。在双王面前，哥伦布激动得一句话也说不出来。他双膝下跪，一边吻着国王和女王的手，一边号啕大哭，好一阵以后才向双王诉说自己的冤屈。他在上帝面前发誓，说他对双王陛下绝对忠诚。

伊莎贝拉女王显然被哥伦布的申诉感动了，斐迪南国王也对他颇为同情，随后他们重申了对他的信任。这之后国王还下令恢复哥伦布的所有经济收益。

至于他的副王头衔，他们则颇为迟疑，没有马上表态。可是此时的哥伦布却并没有明白双王的意思——双王会给予他足够的财产，但是他们将要收回对新大陆的永久所有权和管辖权。

当哥伦布留在西班牙与双王讨价还价的时候，世界发生了巨大的变化。此时的葡萄牙人不仅拥有了达·伽马发现的印度航线，在1500年他们也到达了南美洲大陆，并相继发现了委内瑞拉和阿根廷。

随后，在双王的允许下，奥赫达的船队又出发了，共计32艘船，2500名随船人员。

哥伦布看到别人带着西班牙如此大规模的船队出航，心里很不是滋味。他知道属于他的航海世界已经不存在了，那些轰轰烈烈也都是过往了。暮年的他总归敌不过那些年轻力壮的人。虽然哥伦布内心充满了失落和忧伤，可是此时他还是不想放弃。他要找的地方还没有找到，他还想要继续，即使病死在船上，那也是他认为的最好的归宿。

随后，哥伦布向双王提出申请，他要进行第四次远航。在哥伦布提交申请一个月后，双王以前所未有的速度同意了他的远航计划，并给了他一笔钱。

哥伦布租了4条快帆船，购买了设备，招募了船员。然而这一次双王对他有一些限制：不得从事私人贸易活动，不允许在探险途中登陆圣多明各。

哥伦布的船队共载有140来人，船员大部分都很年轻。这一次哥伦布还带上了自己十几岁的儿子费南多。

迅速准备好远航的所有准备工作之后，哥伦布于1502年5月11日率领船队出海了，9天以后到达加纳利群岛，补充了木材、淡水和新鲜食物。

哥伦布始终认为，在伊莎贝拉城以西的未知海城，一定能够找到通往印度的航线。由于哥伦布对前往伊莎贝拉城的路线已经非常熟悉，而且天气状况又非常适合航行，到6月24日，圣多明各岛就已经遥遥在望了。

虽然双王不准哥伦布在圣多明各停靠，但此时此刻哥伦布却不得不违反禁令来到这里。据哥伦布多年的航海经验，他预测出3天内将有一场狂暴的飓风来临，他的船队必须进港求得庇护。

在港内，奥赫达从西班牙带来的一支船队正准备起航回国。哥伦布上岸请求进港，并建议奥赫达让返航的船队等几天再出发，避免发生危险。没想到，哥伦布的请求和提醒换来的却是奥赫达的冷嘲热讽。心胸狭窄的奥赫达不允许哥伦布进入圣多明各港，更不打算因为哥伦布的“预言”而改变自己的计划。

无奈之下，哥伦布只好带着船队继续前进，绕到了岛的南面。按照哥伦布的判断，狂风将从伊莎贝拉城的北岸经过，并一路横扫向莫纳海峡。在没有合适港口能够停泊的情况下，岛南部的背风面将是最合适的避风处。

而不听从哥伦布劝阻的奥赫达的船队刚刚离岛，通过莫纳海峡时，就遭遇了一场特大的飓风。大部分船只连同船上的人都沉入海底，其中几条船则被冲到岸边撞得粉碎。

牺牲了无数土著人的性命换来的价值20万卡斯蒂利亚金币

的黄金丢失了。其中一块大金条价值就达 3600 卡斯蒂利亚金币，这是在新大陆找到的最大的一块黄金。

整个船队中，只有一条轻快的小帆船“阿古哈”号幸免于难，回到了西班牙。对哥伦布来说万分幸运的是，他的心腹卡瓦哈尔就在这条船上。哥伦布让卡瓦哈尔带着他留在圣多明各的黄金，乘坐这条小帆船回到了西班牙，并把这些黄金带给了自己的长子迭戈。

由于提前预知飓风的到来，哥伦布带着船队躲在了背风处，所以他率领的船队没有受到大的损害。

风暴过后，哥伦布离开了伊莎贝拉城，取道西南方向行驶。7 月 30 日，他们到达一个被土著人称为“波纳卡”的岛屿，这是一连串岛屿中最大的一个，离现在的洪都拉斯大约 30 海里。那里的土著居民对西班牙人态度友好，但他们既无黄金，也无珍珠。哥伦布没有在这里多作逗留。

8 月 14 日，哥伦布船队到达洪都拉斯。哥伦布登上该岛，举行了占领仪式，宣称这里的土地为西班牙所有。看到这里的很多土著人耳朵上都戴着沉甸甸的金饰，哥伦布就将此地叫作“耳朵海岸”。

此后 4 个星期，哥伦布船队沿耳朵海岸向东缓慢行驶。天气十分糟糕，顶头风强劲而又持续不停。在这段时间里，船只只能任其摆布，桅杆折断，风帆撕裂，船员身体受到摧残，人们不停地对天发誓、忏悔、许愿。

哥伦布此时又病倒了。唯一使他感到欣慰的是他的小儿子——年轻的费南多，在风暴中表现得坚定沉着，十分勇敢。

9 月 24 日，哥伦布的船队到达了哥斯达黎加的利蒙港，岸上的印第安人对于和他们进行物品交换的贸易有着超乎寻常的热情。但在那里，哥伦布并没有发现值钱的东西。

哥伦布派了一批武装船员上岸去勘察这里的具体情况，但是带回来的消息让他非常失望——这里没有产黄金的迹象。但船员发现这个岛屿十分富饶，有许多鹿、山猫、猴、海龟和野猪等野生动物以及大片树林。

10 月 5 日，船队到达了巴拿马附近的波卡海峡，哥伦布激动异常，他认定这里就是通往印度的那条神秘海峡了，而他也即将揭开印度的神秘面纱。

但事实让哥伦布刚刚沸腾起来的血液一下子就凝固了，海峡的另一头只是一个非常辽阔、四面环山的美丽湖泊——奇里基湖，它并不是哥伦布期望中的大洋。

虽然哥伦布没有找到通往印度洋的海峡，但是当地印第安人脖子上的金牌给了他很大的安慰。西班牙人的铃铛非常受印第安人欢迎，3 个铜质铃铛就可以换取一块金牌，并且前来进行这种交易的土著人络绎不绝，这让哥伦布收获颇丰。

1503 年初，船队航行了一段时间后，在一个叫贝伦的河口停了下来。哥伦布派出人员上岸侦察，这些人带回大量黄金，这是多年来哥伦布一直在为王室寻求的东西。当他们发现当地的土著人都戴着沉甸甸的金饰，欣喜之情可想而知。

哥伦布决定让他的兄弟巴代勒米带领 80 多个人留在这里建一个根据地，而他自己继续去寻找印度。然而由于河流入海口处的海水退了许多，浅得无法行船，哥伦布只能等到 4 月底下大雨以后再驾船出海。

随后而来的情形让哥伦布有些措手不及。由于西班牙人在岛上修建房屋，而且部分船员本性贪婪，老是滋生事端，致使他们与土著人的关系逐渐僵化。而且此时哥伦布身体欠佳，无暇顾及，致使西班牙人和印第安人的关系越来越差。

更重要的是，哥伦布没有吸取在圣多明各的经验教训，他不懂得如何和土著人建立起稳定的关系。于是土著人就想先下手为强，可是他们的偷袭计划泄露了。

面对日益不满并想要发起偷袭行动的土著人，哥伦布打算把酋长抓来作为人质，迫使整个部落屈服于他。诱捕酋长及其家人的活动进行得非常顺利，可是在最后一刻，酋长逃跑了。就这样，西班牙人和这里的印第安人彻底决裂了。

逃脱的酋长愤恨不已，决定组织所有的部落人员前去攻击那些忘恩负义的西班牙人，并且拯救自己的亲人。

西班牙人和印第安人对峙了很多天之后，哥伦布才发觉这里的据点根本没办法建立起来，于是打算带着船队离开。由于不可能前往伊莎贝拉城，哥伦布决定向东航行，寻找一个栖身之地。

此时，哥伦布只剩下 3 条快帆船了，而且它们状态不佳，船板被海水侵蚀，已经腐烂了，大量凿船虫似乎要把它们完全吞噬。3 条船中，“维兹客诺”号的情况最糟，到贝洛港时哥伦布也只好把它放弃了。

5 月 1 日，剩下的“船长”号和“圣地亚哥”号只能离开达连湾，勉强顶风向北行驶。但是这一次，哥伦布的计算出了错误，他在古巴南岸“皇后花园”一片布满珊瑚礁的危险地区靠了岸。在这里，他觉察到无法顶着东风行驶。他虽然努力去尝试了，但还是失败了，于是只好向牙买加南部进发。

6 月 24 日，他到达牙买加，船已经灌满海水，无法继续前行。哥伦布和手下在牙买加滞留了一年，无法脱身，怎么办呢?始终追随哥伦布的孟德斯此时更见忠心耿耿。他冒险乘坐两条小船，带着 20 来名西班牙人和土著人前往海地，去请求停驻在那里的奥赫达前来帮忙。孟德斯带着哥伦布的信，吃尽苦头，终于到达海地。然而，奥赫达诸事缠身，无暇顾及哥伦布，还把孟德斯给关了起来。

在牙买加岛上，西班牙人和土著人本来相处得不错，他们拿那些小玩意跟土著人换取食物，以求温饱。可是西班牙人还是把事情搞砸了。

1504 年 1 月，哥伦布受痛风病折磨，躺卧在床。50 来个哗变人员抢夺了土著人的 10 条独木舟，向伊莎贝拉城进发。他们一路向东，沿途抢掠岸上的村庄，杀害反抗他们的土著人。这些人 3 次试图跨海前往伊莎贝拉城，但都没有成功，只得围着牙买加游荡。

这时，哥伦布他们的情况依然不妙。这一地区的印第安人已经不愿意为这些白人供应食品了。面对饥饿的威胁，哥伦布也不知所措。

这天，哥伦布正随便翻看随身携带的天文历书，书中明确说明，1504 年 2 月的最后一天晚上会出现月全食。哥伦布决定利用土著人对于天文知识的匮乏，让他们臣服于自己。

2 月的最后一天，哥伦布把附近的酋长和有势力的土著人都请了过来。他告诉这些人，今天晚上的月亮将会被上帝显现神迹。夜晚来临了，月全食的出现让土著人惊恐万分。看到哥伦布的预言成真，这些土著人对哥伦布奉若神明。就这样，印第安人又继续向他们供应食物了。

一直到 1504 年 6 月底，哥伦布一行才在奥赫达的帮助下离开牙买加。哥伦布也为此付出了沉重的代价：他的身体被彻底摧残了，免疫能力完全丧失。痛风病迫使他长期卧床，双眼红肿，视力几近于零。

这之后，哥伦布考虑到船只损坏严重，而且自己的健康状况堪忧，于是决定先带着自己的成果回到西班牙。

1504 年 11 月 7 日，哥伦布一行回到了西班牙。此时哥伦布的身体状况已经非常差了，他根本没办法直接北上去觐见双王。但是他依然期待着双王的邀请，希望双王能够听取他的报告，因为这是王室对每一位远航归来的船长最起码的礼遇。

在哥伦布的安排下，孟德斯将他此次航行的日记和所得到的黄金送进了宫廷。等哥伦布好不容易赶到王宫的时候，重病在床的伊莎贝拉女王已经不幸逝世了。这件事情对于哥伦布来说，简直如同晴天霹雳。哥伦布本来希望伊莎贝拉女王能在她的遗嘱中恢复哥伦布对他所发现的岛屿的所有权，可是时间仓促之下，女王就逝世了。

因为伊莎贝拉女王，哥伦布才开始了远航事业。在哥伦布看来，只有仁慈的女王陛下才能理解他所追求的事业，才会真正给予他应有的尊重。可是现如今，女王走了，哥伦布又成了孤苦无依的人了，这对他的精神和身体都是一个极其沉重的打击。

虽然他知道想从国王斐迪南那里获得自己应得的权利是不可能的，但他还是决定去试一试。因为他只有拥有了他应得到的权利，才能证明他曾经为自己的梦想做了很多的努力。而那些权利也是自己梦想的价值，他不愿意轻易放弃。

1505 年 5 月，哥伦布奉召面见国王。国王对他仍然是那么礼遇有加。他的长子迭戈已经被任命为国王的侍卫官。他的次子费南多此次从新大陆返航归来也被授予宫廷侍卫的职务，而且领到了参加第四次远航的全部薪饷。

这次面见国王，哥伦布仍然要求国王恢复“我的尊严的源泉，我对印度群岛的统治和占有”。国王表示理解，却不愿做出任何承诺。为这些他应得的利益，哥伦布一直在努力争取着，就像当初他毫无杂念、决不放弃地追寻自己的梦想一样。可是这一次，哥伦布没有那么幸运。王室一直都没有给予哥伦布想要的。

哥伦布的健康每况愈下，他自知将不久于人世，便于 1506 年 5 月 19 日口授了遗嘱，确立长子迭戈为唯一继承人，并让所

有的亲人包括他未经合法婚姻生育的次子费南多和他的母亲贝特丽丝都能受益。

5月20日，哥伦布病情突然恶化，临终前他说了这样一句话："父啊！我将我的灵魂交在你手里！"一代冒险家就这样去世了。

为着梦想，他一路前行着，即使撞得头破血流，他也没有后悔过。他坚韧的信念一直都走在梦想的路上，虽然至死他都没有能够找到他梦想中的印度，可是他发现的另外一番新天地却揭开了人类发现的新篇章。

很多人为哥伦布感到惋惜，因为直到他去世，他都坚信自己4次远航到达的地方就是他魂牵梦萦的亚洲。但毋庸置疑，哥伦布是一个意志力和行动力都超强的大航海家、大冒险家，凭着自己非凡的能力和非凡的意志完成一件常人不敢想也不敢干的大事。

哥伦布西航成功后，新旧大陆两个世界建立了永久的联系和交往，使旧大陆上人们的视野从东半球扩张到西半球，为人类的相互交往打开了通道，具有重要的历史意义。